Michel ANDRE

PETIT CATECHISME FAMILIAL

Michel ANDRE

PETIT CATECHISME FAMILIAL

AU BONHEUR PAR L'AMOUR

Éditions Croix du Salut

Imprint

Any brand names and product names mentioned in this book are subject to trademark, brand or patent protection and are trademarks or registered trademarks of their respective holders. The use of brand names, product names, common names, trade names, product descriptions etc. even without a particular marking in this work is in no way to be construed to mean that such names may be regarded as unrestricted in respect of trademark and brand protection legislation and could thus be used by anyone.

Cover image: www.ingimage.com

Publisher:
Éditions Croix du Salut
is a trademark of
International Book Market Service Ltd., member of OmniScriptum Publishing Group
17 Meldrum Street, Beau Bassin 71504, Mauritius
Printed at: see last page
ISBN: 978-613-7-37226-5

PETIT CATECHISME FAMILIAL

PRESENTATION

Cet ouvrage n'est pas, à proprement parler, un catéchisme, mais un recueil de réponses chrétiennes aux trois questions essentielles, que se pose toute personne, sur ce qu'elle est, son origine et sa destinée. Normalement, les membres de familles porteuses d'une tradition chrétienne devraient, suite aux enseignements du catéchisme reçus dans l'enfance et l'adolescence, posséder les éléments de réponse suffisants pour affirmer **un sens à leur vie en concordance avec leur religion**. Force est de constater que ce n'est pas toujours le cas. Or, ces personnes ont des **valeurs** très fortes, qu'elles respectent, mais sans toujours bien comprendre le lien qui relie ces valeurs à ce que dit le christianisme sur l'homme (autrement dit, à l'anthropologie chrétienne).

L'ambition du présent ouvrage est de montrer comment la Foi chrétienne permet à toute personne humaine de suivre, dans sa vie, le fil conducteur de l'Amour vers le Bonheur en plénitude.

L'ouvrage comporte 50 questions et les réponses proposées à chacune, le tout en trois parties. De plus, afin de ne pas surcharger la partie « questions/réponses », **un complément pour certaines de celles-ci et un ensemble de schémas**, permet d'approfondir les réponses proposées.

INTRODUCTION

La catéchèse a pour mission de répandre, à la demande du Christ Jésus (Mc 16, 15-16), la Bonne Nouvelle, promesse du Salut pour qui l'accueille. Ce Salut, c'est l'assurance, pour l'humanité, de retrouver le Bonheur en plénitude et de le retrouver par l'AMOUR !

Ce « Petit catéchisme familial » se propose, pour cela, de nous guider en répondant aux questions essentielles que se pose toute personne humaine!

Ces trois questions sont :

- Qui suis-je? (objet de la première partie)
- Quelle est mon origine? (objet de la seconde partie)
- Quelle est ma destinée? (objet de la troisième partie)

Au niveau religieux, le flot d'informations, qui nous est donné de toutes parts, ne répond pas toujours à notre attente de réponse claire, simple et néanmoins satisfaisante. Entre le trop compliqué et l'insuffisant, on voudrait une piste praticable afin de nous lancer avec assurance sur la route du BONHEUR pour lequel nous avons l'intuition d'avoir été créés et qui soutient notre élan vital! C'est cette piste que voudrait être cet ouvrage qui ne prétend nullement remplacer la catéchèse habituelle. Il se propose plutôt d'apporter dans toutes ces familles qui sont le socle de notre civilisation, des réponses simples mais positives aux trois questions fondamentales ci-dessus et d'aider chacun à parvenir au **BONHEUR par l'AMOUR** !

Remerciements :

Je remercie Jeanne, mon épouse, mes ascendants, mes descendants et toutes les personnes amies autour de moi, de m'avoir montré de façon concrète que l'AMOUR était la voie unique pour atteindre le véritable BONHEUR. Je remercie ceux de mes « ennemis» avec qui j'ai pu connaître la joie immense de la réconciliation grâce au PARDON mutuel, seul remède à ce sentiment d'infériorité/indignité/culpabilité, qui est une véritable plaie de l'humanité.

Merci aussi à Maxime, mon informaticien pour avoir mis en forme cet ouvrage.

TABLE DES MATIERES

A. Les 50 QUESTIONS- REPONSES (en trois parties)

B. <u>COMPLEMENT aux réponses à certaines des 50 questions</u>

C. <u>SCHEMAS</u>

PREMIERE PARTIE

QUI SUIS-JE ?

QUESTION 1 : Comment et de quoi est faite toute personne humaine, c'est-à-dire l'être issu d'un homme et d'une femme?

REPONSE : Toute personne humaine est faite de "matière" et "d'esprit". En ce qui concerne la matière, tout le monde est d'accord. Nous faisons tous partie, sans contestation possible, de la réalité du monde matériel qui nous entoure. Cette réalité, c'est d'abord celle de la **matière** proprement dite et de ce qui lui est associé (comme les ondes, les radiations…), observables, analysables. Nous sommes faits en partie de matière, nous-mêmes et tout ce qui nous entoure, jusqu'à l'infiniment grand et l'infiniment petit aussi !

QUESTION 2: Si tous les humains admettent avoir, comme un constituant de leur personne, cette **matière** constatable dans l'univers connu, en quoi divergent-ils sur la question du "Qui suis-je"?

REPONSE: A ce stade de la réflexion humaine, existe déjà une première et importante divergence dans la **perception de la réalité** c'est-à-dire de ce qui existe, par rapport à ce qui n'existe pas :

- les uns limitent la réalité **à la seule matière** et ses équivalents, qu'on vient de reconnaître comme bien réels. Ce sont les "matérialistes »
- les autres reconnaissent, **en plus, une autre réalité que celle de la matière, nommée "esprit".** Ce sont les "spiritualistes, dont font partie les chrétiens..

QUESTION 3 : Qu'est-ce qui nous fait affirmer l'existence d'une autre REALITE que la matière?

REPONSE : Il y a pour l'homme deux « réalités » incontournables :

- D'une part : **l'existence de la matière**…

- D'autre part : l'incapacité de cette « matière », au niveau de notre cerveau, qui en est pourtant l'élément le plus élaboré, **d'accéder à la réalité de l'infini,** « spatial » comme « temporel ». Cette incapacité concerne inconnue au niveau de notre raison. Notre pensée, produite par notre raison et résultant de notre « ordinateur cérébral », ne peut donc nous donner que des « convictions ». Et, pourtant, nous avons tous, au moins **une certitude :** la **« certitude de notre existence »,** certitude qui n'a rien à voir avec les déductions de la raison ! La réalité de notre existence ne se discute pas ! L'alternative « être ou ne pas être » (to be or not to be ? selon Shakespeare) n'existe pas ! Le « je suis » ne souffre aucune contradiction ! Nous avons également la certitude d'un « commencement » de notre existence en un temps déterminé. De cela, notre « raison » est incapable de nous fournir l'explication ! La « production » de ces certitudes dépasse les capacités du cerveau, structure matérielle.
- **L'origine en est donc ailleurs, dans une autre structure** de notre Personne, **non faite de matière**, que l'on nomme « esprit ».Même la simple « notion » de cet infini est inconcevable par la simple raison, puisque, au-delà de ce qu'on connaît il y aura toujours ce qu'on ne connaît pas encore… !.
- Il existe donc, pour nous, humains, une partie de la réalité qui restera toujours hors de portée de notre raison !

QUESTION 4 : Quelle est la structure de la personne humaine? (cf SCHEMA 1)

REPONSE : Elle se répartit justement entre ce qui est matière et ce qui ne l'est pas. C'est ce que montre le schéma 1 où une ligne de démarcation nette sépare ces deux parties, celle de ce qui est « matériel » et celle de ce qui est « spirituel ». A gauche est représenté ce qui, dans la personne humaine, est "matière" et à droite, ce qui ne l'est pas. Mais Saint Paul nous dit, dans 1 Th 5, 23, que la personne humaine comporte trois parties: corps, âme, esprit. En fait, les deux descriptions, celle de Saint Paul et celle du schéma 1, se chevauchent. En effet, du côté "matière" se trouvent à la fois le corps et la partie de " l'âme" qui lui est reliée étroitement et qu'on peut, de ce fait, appeler " âme corporelle".

De l'autre côté figurent ce qui n'est pas matière, l'esprit et aussi « l'âme spirituelle" Nous allons suivre Paul, tout en précisant ce qui est matériel et ce qui ne l'est pas dans les trois parties décrites:

a) **Le corps** est la partie la plus accessible, puisqu'elle est « matière ». On peut voir le corps, le toucher, analyser ses composants et son fonctionnement par l'observation scientifique. Notre cerveau, véritable ordinateur cérébral perfectionné, est une partie essentielle de notre corps, indispensable pour son plein fonctionnement. Il produit une partie de ce qui habite "l'âme corporelle", comme les sensations, certains sentiments superficiels (ou réflexes) et les convictions. Ces éléments procèdent donc tous de la "matière".

b) **L'âme:** C'est une "structure de connexion" entre le corps et l'esprit. Elle réalise une sorte de **pont entre les deux**, avec une assise de chaque côté, si bien que l'on distingue deux parties:

1) Côté corps, l'âme corporelle. Que contient l'âme corporelle ?

Celle-ci est **très liée au corps** et, en particulier, à notre ordinateur cérébral. C'est en elle que nous éprouvons des sensations, certains sentiments peu élaborés, qui nous habitent et nous portent à agir de façon presque "réflexe". Ainsi, par exemple, l'attirance sexuelle (en sa composante "physique"). C'est dans l'âme corporelle que se ressent la douleur. C'est elle aussi qui recueille les pensées provenant de l'ordinateur cérébral, contrôlées par la "raison" et aboutissant à des "convictions".

Quelle est la destinée de l'âme corporelle?

En fin de compte, on voit bien que **la partie de l'âme qui est en relation étroite avec notre corps, dépend de la matière dont est fait ce corps et, par conséquent, le cerveau**. Tout ce qui dépend de la matière est destiné à « retourner en poussière » quand la vie se sera retirée du corps. Après la mort, notre « ordinateur cérébral », entre autres, n'est plus en état de fonctionner, (tout comme n'importe quel vieil ordinateur hors d'usage).

Il subit une dégradation irréversible, en sens inverse de la maturation progressive qui l'a amené, depuis les débuts de la vie embryonnaire jusqu'à son état de pleine capacité. De même, "l'âme corporelle" et ce qui en dépend, disparaît.
Ainsi, un cadavre inhumé n'a plus de sensation, il ne ressent plus ni chaud ni froid!... Cela jusqu'à la "résurrection des morts".

2) **L'autre partie de l'âme est "l'âme spirituelle".**

Elle est en relation avec cette autre structure de notre personne qui est l'esprit ! En elle, nous éprouvons des sentiments profonds, en relation avec l'affectivité profonde. Ainsi éprouvons-nous **l'amour** philos (et non plus la simple attirance liée surtout au "corporel"), l'amitié profonde, mais aussi la **souffrance.** De même, nous pouvons y éprouver la suspicion, l'agressivité, la rancune, l'envie, la jalousie.....en fonction du sens donné à notre vie et des choix profonds que nous avons faits au niveau de cette autre structure qu'est notre esprit et dont dépend notre âme spirituelle.
Alors que l'âme corporelle est sous la dépendance du corps et de la matière, c'est-à-dire, du "charnel" selon Saint Paul, l'âme spirituelle est, par contre, sous la dépendance de l'esprit auquel elle est étroitement associée. Elle dépend du "spirituel"! Cette « âme spirituelle » et ce qu'elle contient, non liée à la matière, suit la destinée immortelle de l'esprit après la mort.
En conclusion, on peut dire que l'âme, avec ses deux composantes, corporelle et spirituelle, fait le lien entre ces deux éléments structurels de l'homme que sont son corps et son esprit. Elle apparaît comme une structure de connexion. L'âme "anime" le corps pour faciliter la relation de ce corps avec l'esprit durant la vie. Lorsqu'il est dit, dans le récit biblique de la création, que Dieu insuffla « l'âme » en l'homme, cela évoque le lien spécifique, chez l'homme entre le corps, tiré de « la poussière du sol (la matière) » et l'esprit, non matériel, en relation avec l'Esprit de Dieu (Gn 2, 7).

c) **L'esprit**

C'est une structure totalement distincte de la matière et, en particulier, de notre « ordinateur cérébral ». Ce dernier, on l'a vu, nous fournit seulement des "convictions", toujours entachées d'un risque d'erreur.

Notre connaissance **de la matière ne sera jamais que parcellaire, butant sur l'inaccessibilité à l'infini** de notre ordinateur cérébral, incapable de concevoir même cette notion d'infini, tant spatial que temporel !

L'esprit, au contraire, n'a pas besoin de la pensée et du raisonnement, fournis par l'ordinateur cérébral, pour accéder, à la Réalité. **La Vérité est directement apportée à notre esprit par l'Esprit de Dieu (Rm 8, 15-17), sans avoir à passer par la limitation de la pensée et de la raison**. Elle se manifeste alors au niveau de notre esprit sous la forme de **certitude absolue** et non plus de simple conviction.

Cette capacité de notre esprit d'accéder à une partie (profonde) de la réalité, sans passer par la raison ni la pensée est bien démontrable par **l'existence, en chacun de nous, humains, de notre certitude d'exister, qui n'a pas besoin de la « raison » pour être démontrée : elle est, tout simplement !**(cf, à ce sujet, le complément à la question 4).

QUESTION 5 : Quel est le rôle de notre esprit par rapport à l'Amour.
REPONSE : C'est dans notre esprit que s'exprime **le besoin infini d'être aimé et d'aimer**, qu'a l'homme en tant **qu'image de Dieu.** C'est dans l'esprit que naît la **confiance d'amour** et la volonté d'adhérer à l'amour, qui est à la base de "l'amour agapè" (amour spirituel). L'esprit est siège de l'Amour agapè, comme le corps est siège de l'Amour éros et l'âme celui de l'Amour philos. C'est aussi au niveau de son esprit que l'homme, **dans sa liberté, va faire le choix** de l'amour, ou le refus de celui-ci.

C'est enfin, et surtout, au niveau de l'esprit que chaque homme entre en **relation d'intimité avec Dieu**, dans la mesure où il ouvre volontairement à Celui « qui se tient à la porte et y frappe » (Ap **3,20)** et dans la mesure où il ne rejette pas Dieu si celui-ci vient à faire irruption en lui. Cette irruption de Dieu en l'homme, c'est ce qui est arrivé à Paul sur le chemin de Damas (Actes 1, 19) et **doit normalement arriver à chacun de nous si nous nous rendons disponibles pour cela!** Cela se fait par **l'intervention directe de l'Esprit Saint** (Rm 8, 15-17).

Cela n'a rien à voir avec les déductions et **convictions** de la raison. Par l'action directe de l'Esprit Saint, notre esprit peut aussi se trouver empli de **la certitude de l'Amour absolu qui est en Dieu** et nous introduit, en retour, **dans la confiance en Dieu-Amour! C'est le début d'une relation nouvelle, d'Amour, avec Dieu!** Cette relation nouvelle s'établit dans une réciprocité de confiance entre l'homme et Dieu, dans l'acceptation d'une dépendance d'Amour qui est alors une **« interdépendance »,** qui est de l'ordre du « mystère » !

Cependant, l'acceptation d'une interdépendance d'Amour de Dieu vis-à-vis des hommes, concrétisée dans la personnalité et l'action du Seigneur Jésus-Christ, découle « logiquement » de l'interdépendance d'Amour qui nous a été révélée en la Trinité divine Père/Fils/Esprit. Ainsi, le Dieu unique et Trine est-t-il la Source même de l'Amour et de la vocation « d'être d'amour » de chaque être humain, à partir de sa conception !

On comprend, dés lors, que c'est au niveau de son esprit que l'homme vit aussi le **bonheur profond** résultant de la concordance entre ce qu'il vit et ce pour quoi **il sait être fait (consciemment et inconsciemment)!**

C'est aussi au niveau de **l'esprit** que l'homme peut éprouver, malheureusement, la **souffrance profonde** résultant du désaccord entre ce qu'il vit et ce pour quoi il sait être fait et qui constitue alors **le malheur** (et dont l'état dépressif nous donne déjà un aperçu)!

En conclusion, la doctrine "matérialiste" qui ne reconnaît que la matière en la Personne humaine est contredite **par l'existence évidente de l'esprit en chaque personne humaine, manifestée déjà par la certitude spontanée qu'a, chacun de nous, de son existence! Chaque personne humaine est donc bien matière et esprit!**

QUESTION 6: Quelles sont les connexions entre les structures de la personne humaine?

REPONSE: Les connexions entre les différentes structures de notre « personne humaine » sont importantes durant notre vie. Il y a **retentissement réciproque.**
Ce qui se passe au niveau de notre corps retentit aux deux niveaux de l'âme et au niveau de notre esprit et réciproquement!
Si, par exemple, nous entretenons, au niveau de notre « âme spirituelle », de l'agressivité à partir de la haine née dans notre esprit, c'est parce que nous avons choisi de refuser l'amour, **au niveau de notre esprit** et cela aura des retentissements sur les sensations de notre âme corporelle et même sur notre corps. Ces connexions cessent après la mort. Celle-ci anéantit tout ce qui relève de la matière, cependant que survit tout ce qui relève du « spirituel » (esprit et âme spirituelle) et qui, de ce fait est en dehors de la matière.
La destinée immortelle de notre esprit et de ce qui en dépend nous sépare, en tant que personnes humaines, des animaux "supérieurs"!

Ce que nous connaissons des animaux montre à l'évidence que les plus "évolués" d'entre eux possèdent un "ordinateur cérébral"perfectionné d'où ils tirent les injonctions logiques et automatiques de comportement qu'il est habituel de désigner sous le nom d'instinct. Peut-être détiennent-t-ils des **"convictions"** au niveau d'une "âme corporelle", qui expliquerait, par exemple, l'attachement que certains animaux témoignent aux hommes?
Mais par contre, l'existence, chez les animaux, de la "certitude d'exister" permettant **le "je suis" caractéristique d'un esprit indépendant de la matière**, reste toujours à prouver!
De ce fait, l'entière dépendance vis-à-vis de la matière, caractérisant les animaux **jusqu'à preuve du contraire,** fait qu'ils ne peuvent que suivre, à la mort, la destinée de cette matière!

QUESTION 7 : La personne humaine est-t-elle un être libre?
REPONSE: La LIBERTE est la capacité de choisir, mais pas forcément celle d'agir. Elle se situe donc à plusieurs niveaux.

Le choix de l'Amour ou son refus, se fait **au niveau de l'esprit** et seule la personne en décide. La liberté pour cela y est totale!Il ne peut y avoir d'Amour sans Liberté. C'est ainsi que l'on peut déceler une dérive sectaire dans tout groupe ou « communauté » qui prétendrait faire grandir l'Amour envers Dieu chez ses membres alors que leur est refusé une réelle liberté de conscience et de jugement !

Le choix, pour toute personne, d'orienter ses désirs, grosso modo dans le sens de l'Amour ou en sens contraire peut être "influencé", de telle sorte que la liberté peut être restreinte et cela **au niveau de l'âme**.

Le choix d'agir en fonction d'un désir peut être souvent favorisé, permis ou au contraire empêché, au **niveau du corps**.

Plus on va de l'esprit vers le corps et moins évidente est notre liberté. Mais même si la disposition, par nous, de notre corps devient nulle, le choix fondamental pour ou contre l'Amour reste libre puisqu'il se fait au niveau de **notre esprit**, ainsi que les choix portant sur ce qui découle directement de l'Amour.

Par conséquent, seul le spiritualisme nous garantit **une vraie liberté,** dans le sens d'une vraie capacité à choisir au niveau de notre esprit, même si notre « matérialité » ne nous permet pas toujours de concrétiser notre choix.

Pour le matérialisme, au contraire, il n'y a pas, pour l'homme, de choix réel possible, en raison des limites mêmes éprouvées par nous dans cette « matérialité ». Il est vrai que, de ce fait, l'homme n'encoure plus de « responsabilité » et peut refuser toute limite à la réalisation de ses désirs, formés par sa « matérialité » ! C'est la « sérénité » du robot! Mais ce n'est plus la LIBERTE ! (Non plus, sans doute, que la Fraternité et l'Egalité !?).

cf complément à la question 7 sur la Liberté, dont celle que nous avons au niveau du « choix fondamental » offert à toute personne humaine !

QUESTION 8: Qu'est-ce que la conscience?

REPONSE: La conscience est définie comme "perception plus ou moins claire des **phénomènes qui nous renseignent sur notre propre existence**" (Larousse).

Elle rejoint donc la certitude d'exister qui dépend de notre "esprit", mais elle concerne, outre notre propre existence et celle de notre esprit, la réalité d'autres "existants", matériels ou spirituels, comme les éléments matériels du monde qui nous entoure, ou la réalité de nos désirs et la réalité de notre volonté de leur donner ou non satisfaction……!

Il faut distinguer la conscience proprement dite de ce qu'on appelle la conscience morale, qui est la faculté de déterminer ce qui est conforme au Bien et ce qui l'est au Mal.

Pour **comprendre comment se situe la "conscience" dans la Personne humaine,** on peut employer le schéma n° 2 de la "petite case dont l'explication est donnée ci-dessous

EXPLICATION DU SCHEMA 2 DE LA CONSCIENCE

La petite case, sans ouverture sur l'extérieur, représente cette conscience intérieure, éclairée par une petite lumière me permettant de voir ce qui est dans le champ de ma conscience et qui constitue le "**conscient".**

Le placard figurant dans l'unique pièce est le **subconscient**, dont je puis sortir les souvenirs accessibles par un effort de mémoire, pour les mettre à la lumière du conscient.

La cave figure le lieu où, depuis ma conception, est relégué tout ce que j'ai ressenti en mon corps, mon âme, mon esprit et dont je n'ai plus conscience. C'est cela **l'inconscient**, inaccessible directement, mais qui se manifeste en "débordant" lors des rêves et aussi en donnant naissance à des **désirs.**

Une trappe appelée **surmoi** ferme l'accès de la cave vers la pièce du conscient. C'est un gardien qui applique les consignes reçues de mon éducation et de la vie en société, concernant "ce qui se fait" et "ce qui ne doit pas se faire", pour les gens comme moi!

Le surmoi va donc faire le tri des désirs qui, après leur formation dans l'inconscient, se présentent en vue de leur satisfaction.

Que sont nos désirs, dont le rôle est si important dans notre comportement?

QUESTION 9: Quelle est l'origine et la destinée des désirs? Quel lien entre besoins et désirs?

REPONSE: Tout ce qui en nous est "matière" nécessite un apport d'éléments indispensables à notre survie et à notre fonctionnement corporel, apport que réalisent, entre autres, la respiration et l'alimentation.

La présence d'un **besoin** évoque l'existence éventuelle correspondante d'un "manque", mais il existe des besoins qui n'ont pas un manque à leur origine.

Il y a des besoins en relation avec notre corps et d'autres en relation avec l'âme ou l'esprit. Quand un **BESOIN** se fait sentir en nous, nous réagissons par un ensemble de démarches qui constituent le **DESIR** correspondant et qui sont destinées à satisfaire le besoin. Par exemple, la perte d'eau par notre corps entraîne un besoin d'eau qui provoque la soif.

Cette soif entraîne à son tour les démarches nécessaires pour une réhydratation. Si le désir/soif est satisfait, il en résulte un **"plaisir/bonheur"**. S'il ne l'est pas, survient une **"douleur/souffrance".**

Au fur et à mesure que le désir va du domaine "matériel" vers le domaine "spirituel", la satisfaction s'oriente vers un bonheur de plus en plus "profond" et l'insatisfaction vers une souffrance elle aussi plus profonde. Quand, finalement, on arrive au domaine du besoin qui est, en nous, le plus fondamental (car relevant du fait que nous sommes IMAGES DE DIEU), **le besoin fondamental d'être aimé et d'aimer**, alors la satisfaction du désir correspondant amènera le BONHEUR qui pourra atteindre la Plénitude dans le Royaume de Dieu, Royaume de l'AMOUR. Au contraire, l'insatisfaction du désir pourra atteindre le MALHEUR, dont la plénitude se situe dans la DAMNATION avec rejet formel et total de l'AMOUR.

Voir dans le Complément à la réponse 9 le "cheminement des désirs".

QUESTION 10: Quelle est la relation entre désir, plaisir, bonheur, malheur?

REPONSE: **Il y a plaisir si un désir est réalisé et le besoin correspondant satisfait de ce fait.**

- Mais si le désir est opposé au besoin fondamental d'Amour de l'homme, le plaisir qu'apporte sa réalisation ne peut pas donner de véritable bonheur. Ainsi, l'on voit des personnes qui, de l'avis de tous, ont "tout ce qu'il faut pour être heureuses"...et qui, **malgré les plaisirs qu'elles goûtent, n'ont ni bonheur ni joie.** Elles sont mêmes parfois en pleine déprime et dans un état de souffrance chronique intense. **Cela signe une non correspondance avec le besoin fondamental d'Amour qui est en elles**. Une telle "vie de malheur" peut être habilement camouflée par des personnes qui "s'éclatent" mais souffrent intensément. Quant aux désirs opposés à l'Amour, ils entraînent le Malheur!
- Si le désir n'est pas en opposition avec le "désir fondamental de l'homme", le plaisir qu'il procure peut tout à fait être **un soutien pour l'homme** dans son cheminement vers le Royaume et donc reçu de Dieu, par l'homme, avec gratitude, car un tel plaisir est bon puisque contribuant au BONHEUR.
- **Si, encore mieux, le désir procède d'un besoin parfaitement en accord avec le besoin fondamental d'amour**, sa réalisation entraîne un plaisir accordé à la volonté même de Dieu, donc **très bon!**

Au total, il y a donc de vrais besoins et de faux besoins, des désirs bons et d'autres mauvais, de bons plaisirs qui mènent au bonheur, et de mauvais plaisirs, qui en détournent et mènent au malheur. A discerner!

QUESTION 11: Qu'est-ce qui peut altérer le discernement normal au niveau de notre conscience morale ?

REPONSE: Cette éventualité, malheureusement fréquente, a pour résultat de nous faire commettre des **actes en contradiction avec les valeurs que nous prétendons respecter.** Le rôle de discernement normal de notre conscience morale peut être faussé par certaines interférences.

D'où notre étonnement quand nous constatons que des personnes apparemment respectueuses de stricts principes moraux, peuvent commettre des actes en contradiction flagrante avec ces principes. Il faut donc découvrir ce qui peut altérer jusqu' à ce point notre conscience morale.
Cf Complément a la réponse 11

Enfin, l'examen d'un désir par notre conscience morale peut laisser dans l'ombre **un autre désir qui se cache derrière le premier** pour éviter la sanction défavorable de notre conscience morale!
Ainsi, par exemple, derrière le bon désir de rendre service à quelqu'un peut se cacher le désir de concurrencer une autre personne ayant ce même désir, voir même le désir d'éliminer agressivement le concurrent. Or, cet autre désir, nous ne le voyons pas! C'est dire qu'il faut être attentif à **rechercher les véritables motivations de nos désirs** et leur conformité réelle au BIEN. Pour cela, il nous faut une conscience éclairée!

QUESTION 12: Comment établir en nous une conscience éclairée?
REPONSE: La Lumière véritable, c'est celle du CHRIST (Jn 1, 9). Il ne faut pas nous contenter de la petite lumière figurant, sur le schéma n°2, dans notre conscient, lumière émanant de notre "ordinateur cérébral" et de notre âme charnelle, souvent encombrés de **convictions** erronées, **lumière insuffisante pour nous guider dans le discernement profond de nos désirs!**

Or, le Christ est à la porte de notre "demeure" et frappe pour que nous lui ouvrions (Ap 3, 20…). Sa Lumière, qu'il nous apporte, sera mise alors sur notre candélabre…et nous guidera! (cf chap 11 pages 64 à 67 du Tome 1 du livre « Réponses chrétiennes à quelques questions »). C'est dire qu'il nous faut rester disponibles, attentifs et "veiller" pour ouvrir au Christ dès qu'il frappe à notre "porte" et s'installera en nous pour nous aider dans l'accomplissement de notre destinée grâce à une conscience morale éclairée.

DEUXIEME PARTIE

QUELLE EST NOTRE ORIGINE ? QUEL PROJET DE DIEU POUR NOUS ?

QUESTION 13: Comment expliquer mon existence personnelle et celle de l'univers?

REPONSE: Parmi les hommes il y a deux catégories :

1) ceux qui nient avoir été créés par une Volonté Toute Puissante appelée DIEU, mais ne peuvent expliquer comment ils existent. Ils se disent « **athées** » c'est-à-dire « sans Dieu », ou « **agnostiques** » s'ils déclarent ne pas connaître…tout simplement, comment et pour quoi ils existent !
2) ceux qui, partant de la **certitude qu'ils ont d'exister**, de la certitude qu'ils sont à la fois « matière » et « esprit », du principe que « rien ne se crée tout seul», disent : « je suis, **donc Dieu est**… ».

En même temps que nous avons la certitude d'exister, nous avons celle d'avoir eu un « commencement », ce qui induit la nécessité d'une « création » et d'un « pouvoir créateur » reconnu à Celui qu'on appelle Dieu, à qui nous devons notre création et le maintien dans l'existence, quelle que soit notre « vision de Dieu »! Cf à ce sujet la question /réponse n°18 concernant notre « Relation au Divin ». Il y a, en effet, des divergences sur la façon de concevoir Dieu et de vivre sa relation à Lui. Certains croient en Dieu, mais sans plus de précision. Ce sont les "**déistes". Le chrétien** croit en un Dieu d'Amour, Créateur de l'univers et donc de l'homme et qui désire le Bonheur de celui-ci !

QUESTION 14: Que pouvons-nous savoir de la création?

REPONSE : En ce qui concerne la création, c'est à la science que l'on demande « **comment** » l'univers a été formé, pas à la Bible. C'est à Dieu, à travers la Bible, que l'on demande « **pour quoi** » il a créé l'univers, et non à la science qui, elle, n'a pas compétence pour cela !

LE COMMENT DE LA CREATION

Il faut se méfier des slogans simplistes qui n'expliquent rien, du genre : « l'homme descend du singe… ». Il faut aussi relativiser les découvertes successives, souvent contradictoires d'ailleurs, concernant l'histoire de l'humanité et qui demandent une confirmation logique et durable !

Il est étonnant, par exemple, qu'on nous parle de dates d'apparition des premiers hommes sans nous avoir précisé qui est l'homme et ce qui différencie l'homme des animaux supérieurs (à savoir, l'existence, en lui, de « l'esprit »).

Même les magnifiques découvertes scientifiques modernes concernant l'univers, s'avèrent incapables d'assouvir notre soif de connaissance!

Il faut savoir que plus ces connaissances augmentent et plus nombreuses sont les questions restant à résoudre !

C'est une évidence, qui ne doit pas, d'ailleurs, freiner notre désir de découvrir.

Même ce qui est scientifiquement établi à l'heure actuelle pour la partie accessible de notre univers, pourrait être remis en question quant à son universalité, par de nouvelles découvertes. Ainsi, au niveau des « trous noirs », il semble que les lois « physiques » qui régissent notre monde ici-bas ne s'y appliquent peut-être pas vraiment !

Tout cela doit nous rendre très prudents vis-à-vis de toutes les théories proposées successivement sur la « création ». Sinon, on risque de se voir contredit par les faits, comme certains responsables dans l'Eglise l'ont été lors de « l'affaire Galilée », pour avoir manqué de prudence. **C'est à cette prudence que nous a invités le concile Vatican 2, avec le document « Dei Verbum » sur l'interprétation de la Parole de Dieu!**

Actuellement, la plupart des scientifiques admettent un « big bang », à l'époque initiale de l'existence de l'univers, à partir duquel s'est produite une « évolution ». On nous affirme aujourd'hui que des quantités de "big bang" se produisent !

Certes…mais dans l'évolution de l'univers, on est frappé par la survenue de phénomènes absolument imprévisibles au départ, tels que l'apparition de la vie.

C'est ainsi que, il y a trois milliards d'années, l'apparition de la vie sur terre, avec toute sa complexité, eut été totalement imprévisible!

On ne pouvait prévoir les lois qui régiraient la biologie **car les lois naturelles ne sont pas antérieures aux réalités de l'univers, mais découlent de ces réalités elles-mêmes.**

Il y a, dans l'univers et au cours du temps, **une complexité croissante**. Force est de constater que **l'avenir ne découle pas automatiquement du passé !**

Cela évoque une « création continue » opérée par Dieu, une intervention de la part d'un « pouvoir d'intervention intelligent » (intelligent design), agissant dans un but déterminé!

On trouvera dans le Tome 2 de "Réponses chrétiennes à quelques questions" au chapitre 3 les principales théories avancées pour essayer d'expliquer le "comment" de la création.

Cf aussi le complément à la Réponse 14, sur le "comment de la création".

QUESTION 15: Quel est le "pour quoi" de la création? Cf SCHEMA N°3 (Projet de Dieu)

REPONSE: C'est la grande question débattue dans l'humanité depuis qu'elle existe. Le Créateur seul peut y répondre et nous communiquer cette réponse. Il en résulte qu'il nous faut d'abord répondre à la question " qui est Dieu, quel est son projet sur nous ? ", pour ensuite, **à la lumière de ce Plan de Dieu, connaître notre origine et notre destinée.**

Les différentes religions donnent chacune leur réponse.

Ici s'opposent, en fait :

- <u>Les religions "révélées",</u> affirmant que Dieu s'est exprimé, vis-à-vis de ses créatures humaines, sur ce qu'il est, sur son projet pour l'humanité. Mais il y a désaccord entre les différentes religions révélées, sur la véracité des "révélations" avancées par les autres.

Le christianisme, lui, est basé sur la **révélation juive de "l'Ancien Testament" complétée et accomplie pleinement par le CHRIST JESUS** et développée dans le **Nouveau Testament**.

La réponse au "pour quoi" de la création, fournie par la Révélation chrétienne, sera abordée avec la troisième partie de cette catéchèse : "quelle est notre destinée"?

- Les religions non révélées, qui, elles, expriment les **convictions** des hommes concernant le "Créateur". Ces convictions proviennent **de "l'ordinateur cérébral personnel" des fondateurs de ces religions** (leur cerveau) et non du Créateur lui-même, qui seul peut répondre à la question du "pour quoi" il crée et **qui peut seul révéler cette réponse aux hommes.**

Il faut, ici, évoquer la particularité du boudhisme initial du Boudha Gautama, qui se situe hors de toute "révélation divine", puisqu'il n'admet aucune Divinité spécifique détentrice d'un pouvoir créateur. Cette doctrine vise seulement à délivrer l'homme de la souffrance en suivant la "voie" découverte par son fondateur grâce à une "**illumination**" qui n'est donc pas une "révélation divine" à proprement parler, mais qui a relevé peut-être, en partie, de l'Esprit Saint !?.

QUESTION 16: Quelle vision de Dieu ont les hommes.
REPONSE: C'est le propre des religions de répondre à cette question, mais chacune de façon différente.

VISION CHRETIENNE DE DIEU: DIEU EST AMOUR

On peut consulter le schéma n°3 : Dessin d'un cercle sur lequel trois points figurent le Père, le Fils, l'Esprit, que l'on réunit par trois traits dessinant un triangle entre les trois Personnes divines, dans lequel les termes « DIEU » et « AMOUR » évoquent Dieu lui-même. Ainsi on voit bien que, sur le cercle, aucune des Personnes n'est devant ni derrière les deux autres.

Chacune des trois Personnes Divines **possède l'entière divinité et une entière personnalité dans l'Unité de Dieu.** Cela est le mystère de la Sainte Trinité, inaccessible à la raison humaine.

La Trinité divine est SOURCE de l'AMOUR du fait de la relation d'Amour entre ces Trois Personnes Divines.

L' AMOUR, en Dieu, n'est possible que parce que Dieu est Un et Trine…ce qui n'est pas le cas du Dieu de l'Islam, dont la majesté est **affirmée très positivement**, mais dont la présence d'une seule Personne en Dieu, exclue la possibilité de relation d'Amour….avec une Autre Personne, puisqu'il est seul !

D'où vient la certitude que Dieu est Amour?

De la même façon que nous bénéficions (tous) de la certitude d'exister, communiquée à notre esprit par l'ESPRIT de Dieu, nous pouvons avoir, par la même voie, communication, au niveau de notre esprit, de **la certitude qu'il est notre Père (cf Rm 8, 15-17),** tout comme la certitude que Christ est vivant (ressuscité). C'est cela même qui a été donné à Paul sur le chemin de Damas (Ac 9, 1-25).

Cette certitude est l'assise même de **la FOI chrétienne**, basée alors non plus sur une simple croyance en Dieu, issue de convictions de notre raison, mais sur une **confiance** absolue en son Amour et en ce qu'il nous révèle.

Par contre, en aucun cas, nous ne pouvons donner le caractère de certitude à ce qui vient seulement de notre "ordinateur cérébral matériel", de notre raison, et ne peut être que conviction!

Or, certains, par ce qu'ils ont bénéficié de la communication, par l'ESPRIT de DIEU, de la FOI en l'Amour de Dieu, vont inventer ensuite des choses qui ne viennent que d'eux-mêmes (et de leur vanité parfois), aux quelles ils donnent le "label Esprit Saint" avec beaucoup de toupet: **c'est là l'origine des "gnoses".**

La vision chrétienne de Dieu exige que nous définissions ce qu'est l'Amour.

L'AMOUR ... QU'EST-CE ?

Sa définition est capitale pour entrer dans la connaissance de Dieu et de son Plan. L'amour n'est pas un sentiment...mais comporte une expression sentimentale! Il est un **double mouvement de la volonté**, nous faisant à la fois sortir de nous-même pour « donner » et nous ouvrir à l'autre pour « accueillir ».

Les deux mouvements de l'Amour sont :

1. Le DON : je donne à l'autre tout ce dont il (elle) a besoin légitimement pour son BONHEUR... et que je puis lui donner, même si cela exige des sacrifices de ma part!Il faut donc définir le Bonheur, qui est la **correspondance** entre ce pour quoi je suis certain d'avoir été créé et ce que je réalise concrètement dans ma vie. Le BUT ultime de ma vie, c'est la participation à l'AMOUR EN PLENITUDE de la Trinité divine dans le Royaume, à ce qu'elle vit de toute éternité entre le Père, le Fils et l'Esprit. Dans notre vie, les objectifs réalisés progressivement et concrètement en vue de ce BUT représentent déjà des bonheurs (partiels, mais appréciables!). Dans cette recherche du Bonheur, il y a une tension vers l'Absolu.
2. L' ACCUEIL de mon BONHEUR par l'intermédiaire de **l'autre** et non plus par moi tout seul. Ainsi, si j'entre dans le sacrement de mariage, je remets « la clé de mon Bonheur » entre les mains de l'autre. C'est l'acceptation d'une **dépendance d'amour** vis-à-vis de l'autre (humain) et de "l'Autre"(divin) qu'est le Seigneur, réalisable dans les différents états de vie.

Cette acceptation de dépendance d'Amour est manifeste dans le premier sacrement reçu, celui du Baptême, mais aussi dans les autres et dans certaines options choisies pour notre vie. Le terme de"dépendance" peut paraître ambigü. Aussi faut-t-il préciser que c'est une dépendance d'Amour et non d'esclavage. C'est en fait la reconnaissance du besoin que nous avons de l'autre pour gagner notre bonheur!

De plus, la « révélation chrétienne » nous montre que Dieu, de son côté, a réalisé, en la personne du Christ, vis-à-vis de l'humanité, une dépendance d'Amour. Il s'agit donc, entre l'homme et Dieu d'une merveilleuse **interdépendance d'Amour** !

SOURCE DE NOTRE AMOUR

C'est Dieu, ce n'est pas nous. En Dieu, et parce qu'il est UN et TROIS PERSONNES, il y a une circulation d'Amour éternelle, infinie qui est sa propre Source d'Amour.

Pour comprendre notre relation indispensable à la Source d'Amour qu'est Dieu, il faut utiliser ici le **"schéma 4" de ce que nous sommes**, à savoir, un simple « vase d'argile », selon Paul, mais destiné à être rempli d'amour s'il est branché sur la Source de l'Amour donc sur Dieu.

Notre vase est relié à Dieu par un branchement sur lequel se trouve la vanne de notre liberté. C'est notre liberté qui assure ouverture ou fermeture par nous de ladite vanne (cf aussi chap. 2, P. 15 du Tome 1 de "Réponses chrétiennes à quelques questions").

Si nous sommes bien branchés sur la source de l'Amour et notre vanne ouverte, notre vase, rempli d'un amour véritable, débordera d'amour sur le prochain!

Sur le canal conduisant à notre vase sont branchés des canaux accessoires par lesquels nous apportons d'autres éléments de remplissage de notre vase.

Certains éléments ne sont que des produits concurrents de l'Amour que, dans notre illusion, nous envoyons vers notre vase pour le remplir si le flux venant de la Source de l'Amour a été tari par notre fermeture volontaire partielle ou totale de la vanne. Il s'agit des convoitises de toutes sortes, prétendant remplacer l'Amour pour l'obtention du Bonheur. Ainsi pour le Pouvoir, l'Emprise, l'Argent, la Gourmandise dans ses différentes modalités : alimentaire, sexuelle, intellectuelle…!

D'autres canaux accessoires ont été prévus par Dieu lui-même, dans son Plan. Mais certains canaux sont devenus incertains quant à leur apport. Ainsi celui de la sexualité humaine qui peut tout autant apporter soit un renforcement efficace de l'Amour si la sexualité est vécue selon le Plan de Dieu, soit du refus de l'Amour en cas contraire !

Ceci confirme donc que, **en l'absence de branchement efficace sur la Source de l'Amour qui est Dieu lui-même, nous ne pouvons "rien faire", comme nous l'a rappelé Jésus !** Au contraire, si nous nous branchons à plein sur l'Amour de Dieu, le flux emplissant notre vase se renforcera aussi par notre apport personnel d'Amour.

Celui-ci vient des canaux accessoires et nous pourrons déborder d'Amour sur le prochain, pour correspondre au Projet de Dieu.
NB Ce paragraphe est développé dans le compléments à question /réponses n°16.

QUESTION 17 : QUELLE EST LA VISION DE DIEU PAR LES RELIGIONS NON CHRETIENNES

REPONSE : Cette vision est très variée selon les différentes religions, mais elle reflète surtout la personnalité de leurs fondateurs.

Ainsi pour **l'Islam**, dans lequel est soulignée la Toute Puissance divine, mais aussi, en écho, l'utilisation de la force, recommandée pour la diffusion de la doctrine et l'élimination des opposants. Cela correspond bien à la personnalité de Mahomet telle qu'elle se montre à travers le Coran, l'histoire de sa vie et celle de sa fin (cf « les derniers jours de Muhammad » de Hela OUARDI).

Quand le "Divin" se répartit en une multitude de "dieux", comme dans **l'hindouisme**, la vision de ceux-ci reflète les traits mêmes de la personnalité de ceux qui les adorent, aussi variés qu'il est possible dans leur comportement. Dans ce cas, se vérifie la formule bien connue selon laquelle "Dieu fit l'homme à son image…mais l'homme le lui a bien rendu"!

Le Judaïsme et le christianisme se situent dans une même tradition, inséparables en fait l'un de l'autre, le second représentant la suite logique et l'accomplissement du premier.

QUESTION 18: Quelle est notre relation fondamentale à Dieu résultant de notre « Vision de Dieu » ? (Cf SCHEMA N° 5 sur les variétés de relation à Dieu).

REPONSE: Pour entrer en relation, il faut un vis-à-vis. Par conséquent, l'homme qui se dit athée ou agnostique ne peut entretenir de véritable relation avec Dieu, ni répondre à la relation que Dieu a avec lui puisqu'il nie Dieu.

Notre relation fondamentale à Dieu dépend du choix profond que nous faisons concernant la façon d'obtenir notre bonheur :

Soit nous acceptons, comme Dieu nous le demande au début du Livre de la Genèse, que notre BONHEUR nous vienne par l'Amour, basé sur la confiance en Lui, **nous sommes alors avec Dieu dans une relation d'Amour basée sur cette confiance. C'est la FOI!**

Soit nous refusons cette offre et **prétendons trouver notre bonheur par nous même, en dehors, voir en opposition avec l'Amour.** Dans ce cas, nous sommes alors, vis-à-vis de Dieu, dans la méfiance et certainement pas dans l'Amour : nous croyons peut-être en Dieu, mais nous n'avons pas la Foi! C'est ce que Satan a toujours suggéré à l'humanité : **la méfiance** cf Gn 3, 1-5.

Comment se présente notre **PIETE,** qui est l'expression, dans notre vie concrète, de la relation fondamentale que nous avons avec Dieu?

<u>Si nous sommes dans la religiosité</u>, qui est une disposition pour les **"sentiments religieux",** en dehors d'une religion définie, alors **notre piété a une tonalité affective très forte**. Il y a une importante participation par le corps. Les sentiments y sont fortement manifestés. Celui qui est dans la religiosité est très sensible à son environnement, à l'univers et aux forces de celui-ci, bénéfiques ou maléfiques, qu'il s'agira, dés lors, de neutraliser, ou de se concilier, selon les cas.

D'où **la propension au "magique**", qui n'est autre que l'utilisation de "pouvoirs occultes, concurrents de celui de Dieu", pour les mettre au service de désirs parfois légitimes (magie "blanche"), parfois mauvais (magie "noire"), mais de toutes façons en opposition formelle à Dieu, dont la toute-puissance est ainsi contestée, pour le moins, ou, au pire, niée au profit de celle du Mal (magie noire).

Il va sans dire **que ce genre de piété baigne dans la peur**, en particulier celle des esprits mauvais, auxquels on a ainsi donné prise sur soi et à la dépendance desquels on ne peut plus, croit-on, se soustraire. **D'où le danger d'un enfoncement progressif dans ces pratiques magiques.**

Dans ce cas, en effet, même si l'on proclame bien haut croire en un seul Dieu, ayant pour corollaire l'affirmation de la Toute-puissance de Dieu et cela au niveau de l'intelligence psychique, logique....**on se comporte, au niveau psycho affectif,** comme quelqu'un qui doute de la Toute-puissance de Dieu, ou qui doute, pratiquement, de la "justice miséricordieuse" de Dieu, puisque ce dernier "l'abandonne à la vindicte des ennemis". Il y a là une **opposition**, assez caractéristique de cette religiosité, entre ce qu'affirme la personne et qui vient de sa"raison" et ce qu'elle ressent au niveau de l'âme et qu'elle vit.

La personne de ce type est souvent très influencée par un milieu socio culturel favorisant, **sociologiquement "chrétien", mais non "converti" en fait.** C'est dans le cadre de cette "religiosité" que l'on voit le plus cette distorsion entre une affirmation d'appartenance chrétienne et un comportement niant une adhésion réelle à la Bonne Nouvelle et plutôt une pratique de "double religion".

La seule "pratique religieuse" pourrait donner le change lors d'un examen superficiel des choses! C'est ainsi que l'on voit certaines familles de "bons chrétiens" se livrer à des pratiques de sorcellerie notoire! Lorsque c'est la "religiosité" qui prime, il y a tendance à donner la première place à tout ce qui est **"ressenti"** et non à ce qui est **"raison"**.

<u>Si nous sommes dans les "croyances"</u> La piété y a un caractère beaucoup plus "réservé". En raison de la participation importante **du travail de la raison** dans les analyses et les synthèses, au niveau de l'intelligence psychique, il y a une prise de distance avec l'affectif. Il y a même souvent une suspicion systématique vis à vis de toute manifestation affective chez soi-même et chez les autres.

Cela peut aboutir au rejet de toute personne exprimant ses sentiments, et jugée, de ce fait, dénuée du minimum d'intelligence pour comprendre les élaborations savantes, érigées par des "croyants" intellectuels, en systèmes rigoureux de pensée. Rien d'étonnant, dés lors, s'il y a incompréhension irréductible entre ces "intellectuels" et les personnes plus « affectives ».

Que ces personnes soient dans la "religiosité", comme on vient de le voir, ou dans la "foi", comme on va le voir! Ce qui domine, en fait, dans la "piété" résultant des "croyances", **c'est la suprématie de la "raison"** par rapport à l'affectif.

A la limite, tout ce qui n'est pas immédiatement explicable par la "raison" est a priori suspect.....et certains vont même nier tout caractère miraculeux dans les actions du Christ, ou, tout au moins réduire tout miracle à sa plus simple expression.

Cette "piété" désincarnée, car volontairement coupée de la composante affective, considère souvent avec méfiance toutes les personnes qui ont besoin d'exprimer, très légitimement en fait, ce qu'elles ressentent au niveau de leur affectivité. C'est une source d'incompréhension !

Dans le cadre de la "foi"

Comme on l'a vu, la "piété", (qui est le vécu de la personne dans sa relation au Divin)**, intéresse la globalité de la personne**, à partir de cette certitude de l'Amour de Dieu. **Cette certitude habite l'esprit** et diffuse, de là, dans l'âme et dans le corps. Ici, il n'est plus question de peur, mais de **relation amoureuse avec Dieu**, à travers tout ce qui relève de l'esprit, de l'âme dans ses deux composantes, ainsi que du corps. A ces deux derniers niveaux, on rejoint les mêmes moyens d'expression que dans la "religiosité" : les sensations, les impressions sensorielles, les émotions...peuvent être intenses. Elles peuvent s'accompagner de mouvements, de perte du tonus postural avec même chute à terre, ainsi que de larmes, de rire, de soupirs parfois bruyants.

Mais tout cela se fait dans la paix, la simplicité, sans recherche de démonstrations exagérées. Cette ambiance est différente de celle qui caractérise la religiosité, car elle vient de l'esprit et n'est pas une simple « sensiblerie » !

Les "fruits", d'ailleurs, sont nettement différents : libération, absence de peur, discrétion et humilité, simplification, équilibre psycho affectif et corporel....avec influence favorable, en retour, sur la vie spirituelle.

C'est dans ce cadre que l'on observe le "repos dans l'esprit", le "parler en langues", les manifestations vraies de la « bénédiction du Père »... toutes manifestations qui, du moment qu'elles sont d'origine spirituelle, comporteront de bons fruits.

Un autre caractère de différenciation entre les manifestations vécues dans le cadre de la Foi et celles provenant de la"religiosité" consiste, pour ces dernières, en répétition de manifestations du même type, comme stéréotypées, chez une même personne, avec **demandes réitérées de "prière" pour le même problème persistant** et sans aucun progrès apparent sur le plan spirituel.

Un tel caractère doit faire hautement suspecter un blocage dans la religiosité, avec, sans doute, une **conception magique** de la relation à Dieu! (Cf aussi le Complément à la réponse 18 sur la piété).

NB On trouvera plus de détails concernant cette question dans le tome 1 de "Réponses chrétiennes..." au chap. 9

TROISIEME PARTIE

Quelle est ma destinée dans le projet de Dieu ?
QUESTION 19: QUELLE EST NOTRE DESTINEE DANS LE PROJET DE DIEU ? Quels sont les obstacles à ce projet ? Qu'est-ce qui le favorise ?
REPONSE: C'est un projet de Bonheur par l'Amour!
Selon la Révélation chrétienne (Cf Genèse 1, 1-31 1, 27 Gn 2 Gn 3 Psaumes 103), **c'est la Bible qui transmet la réponse divine sur le Projet de Dieu pour l'homme à travers** la création. Elle le fait à sa façon poétique, au début du livre de la Genèse. A chaque étape de la création, Dieu « vit que cela était bon », mais, avec l'homme, c'était « très bon » ! L'homme est donc le couronnement de la création de l'univers, en vue de la Gloire de Dieu et du Bonheur de l'homme!

En effet, s'il est créé à l'image de Dieu qui est BONHEUR en Lui-même, de par la **plénitude de la relation d'amour** entre les trois "personnes" divines, l'homme ne peut alors qu'être destiné lui aussi au bonheur. **C'est cela la réalisation de Dieu sur sa création, sur l'homme. Et cela résulte d'un <u>Plan de bonheur axé sur l'amour.</u>** Tout ce qui correspond au Plan de Dieu entraîne alors du bonheur. Tout ce qui le contrarie entraîne, tôt ou tard, du malheur.

Notre vie sur terre est destinée à l'apprentissage de l'amour, à une croissance en amour, selon le Plan de Dieu, en vue de participer au BONHEUR même de Dieu.

Mais l'homme a voulu obtenir son bonheur par lui- même, en lui-même, en dehors de Dieu et de l'amour : c'est l'origine de sa chute ! (cf Gn3).

QUESTION 20: Qu'est-ce que la chute?

<u>REPONSE:</u> Dieu offre à toutes ses créatures angéliques et humaines un Bonheur sans limite par la participation à la Vie d'Amour de la Trinité divine. Puisqu'il s'agit d'Amour, cela ne peut être imposé. Il nous faut donc faire un **<u>choix en toute liberté, d'acceptation ou de rejet de l'offre de Dieu.</u>**

Pour les hommes se présentent donc :

- **L'acceptation de l'offre de Dieu** d'une relation d'Amour avec Lui **dans la <u>confiance</u>** réciproque. et donc l'acceptation par les hommes d'une **<u>dépendance d'amour vis-à-vis de Dieu</u>**. Mais il s'agit, en fait, **<u>d'une interdépendance</u>** puisqu'en la Personne du Seigneur Jésus le Fils bien aimé du Père, a été acceptée une dépendance d'Amour en vue du Salut des hommes !

L'acceptation des hommes est symbolisée par leur renoncement au fruit de l'arbre de la « connaissance du Bien et du Mal » (Gn 2, 16-17).

Ainsi, l'homme accepte que ce soit Dieu qui détermine ce qui est Bien (vers le Bonheur) et ce qui est Mal (vers le Malheur).

- **L'appropriation par l'homme de ce pouvoir de** détermination du Bien et du Mal traduit sa prétention d'être son propre dieu, en opposition à Dieu.
- C'est la manifestation d'orgueil et de désobeissance de l'homme, ridicule par rapport à la Toute Puissance de Dieu et injuste par rapport à l'AMOUR manifesté, par Dieu, pour nous, en Jésus Christ !

C'est entrer dans **la méfiance vis-à-vis de Dieu**, casser la relation d'Amour qu'il nous offre !

Par l'option de l'indépendance vis-à-vis de Dieu, **la créature cherche à s'élever au niveau de la Source du Bonheur, qui est Dieu Lui-même.** Mais son désir ridicule d'être Dieu

à la place de Dieu est irréalisable, inatteignable, entraînant, sa coupure avec Dieu et sa chute vertigineuse.

QUESTION 21: Qu'est-ce que le Mal?

REPONSE: Le Mal, c'est l'opposé au Bien, donc à l'Amour, une sorte d'anti-Amour. Dans le Mal, il y a une "volonté" de destruction de l'Amour et pas seulement un "manque ", une absence de celui-ci. Il y a donc un combat entre le Bien et le Mal, entre l'Amour et le Mal (cf Ap 12, 7-8). Cette assimilation entre le Bien et l'Amour, c'est Jésus qui la fait, en affirmant (cf Mt 19, 17) que Dieu seul est le Bien absolu car **source de l'Amour** et qu'il doit être, comme tel, aimé, par nous, en premier!

Le Mal est ce qui s'oppose à l'Amour (cf définition de l'Amour dans la réponse 16) et va de l'indifférence au mépris et à la haine. Il y a donc incompatibilité entre Dieu/Amour et le Mal, qui cherche à détruire Dieu.

Mais, comme c'est impossible, le Mal essaie d'atteindre Dieu indirectement, d'abord en présentant Dieu comme une Puissance écrasante pour l'homme, assoiffée de vengeance et sans pitié pour les écarts de l'homme. Ensuite, en attribuant à Dieu les conséquences du Mal lui-même, telles que les conflits, les guerres, alors que c'est le Mal qui les suscite.

Il nous présente aussi les épreuves, que Dieu nous envoie pour notre progression en Amour, comme des pièges venant de la "duplicité de Dieu".

La stratégie du Mal n'a pas varié depuis Adam et Eve : c'est de **provoquer une méfiance** en nous vis-à-vis de Dieu afin de nous séparer de Celui qui nous protège (cf Jn 10, 27-30) pour mieux nous faire chuter dans le malheur! Ce mensonge, le Mal (personnifié par Satan) le complète par la flatterie de notre tendance à la vanité et à l'orgueil (Gn 3, 4-5).

On verra plus loin comment le Mal essaie aussi de briser notre confiance en Dieu, donc en l'Amour, à travers le problème de la "souffrance".
Une explication plus détaillée du problème du Mal est donnée dans le Tome 1, chapitre 12 de "Réponses chrétiennes à quelques questions".

QUESTION 22: Qu'est-ce que la rédemption?
REPONSE: Dieu seul pouvait rejoindre l'humanité égarée dans sa chute. C'est alors que Dieu a réconcilié l'humanité avec Lui par **le "Salut",** assumé grâce à l'incarnation du Verbe, Jésus, qui est vrai Dieu, est aussi vrai homme.

De ce fait, il détient le Pardon puisqu'il est Dieu et il détient aussi la pleine solidarité avec les hommes, ses frères, pour prendre en charge leur Salut ! Sa passion, sa mort et sa résurrection ont libéré l'humanité et l'ont **"réconciliée" avec Dieu dans une mutuelle dépendance d'amour**. Saint Paul le proclame dans la lettre aux philippiens (Ph 2, 5-8):
"...Jésus Christ, lui qui est de condition divine...devenu semblable aux hommes et reconnu à son aspect comme un homme...s'est abaissé, devenant obéissant jusqu'à la mort...sur une croix". Toutes les générations humaines sont, depuis le "péché d'origine", ou "originel", marquées par cette **tendance à l'indépendance par rapport à Dieu et à l'Amour qu'il représente.** Il en résulte toujours la poursuite chimérique, par l'homme, d'être dieu en concurrence avec Dieu. C'est la prétention de Satan lors de la tentation du Christ (Lc 4, 5-7)! Depuis lors, l'homme ne cesse de s'accrocher à ce malencontreux **désir d'indépendance** par rapport à l'amour.
Il voudrait saisir le bonheur en gardant l'entière souveraineté sur ses désirs, décisions et actions. Il voudrait **déterminer, hors de l'Amour et de Dieu, ce qui est Bien et ce qui est Mal.**
Il n'hésite pas à parodier l'amour et le déformer selon sa volonté de s'opposer à Dieu. Cependant, il se sait créé et simplement co-créateur.

Il est donc en souffrance, par rapport à son désir et, pour "calmer" cette souffrance de ne pouvoir créer, **il cherche souvent, comme Satan à détruire la création de Dieu, pour s'affirmer à ses propres yeux!**

Au lieu de "construire" avec Dieu, il "détruit", contre Dieu, contre l'amour: c'est le "péché"!

Cette tendance se manifeste déjà chez les enfants qui, à la plage, détruisent les "châteaux" de sable des autres enfants ....pour le plaisir de détruire, et continuent parfois au cours de leur vie!

Face à cette situation, c'est pour rétablir son Plan de Bonheur que Dieu nous a procuré le SALUT, opéré par le Christ Jésus! Nous sommes ramenés par le Salut sur le chemin menant de « l'image » à la « Ressemblance » et qui n'est autre que notre vie sur terre.

Nous pouvons alors arriver à la **Ressemblance à Dieu**, puis, après la mort, rejoindre le Royaume où nous partagerons la Vie d'Amour de la Trinité divine dans un Bonheur en plénitude !

Voir le complément à la question 22 avec l'explication du schéma n°3, lequel permet de visualiser le Plan de Dieu pour l'humanité, la chute et la Rédemption.

QUESTION 23: Quel est le **besoin fondamental de l'homme** en **tant qu'image de Dieu?**

REPONSE: **C'est le besoin, et le désir correspondant, d'être aimé et d'aimer!**

Ce "besoin fondamental d'être aimé (d'abord) et d'aimer (ensuite)" est capital, lié au fait que nous sommes **créés à l'image de Dieu** en vue de partager son BONHEUR d'Amour en plénitude.

Mais, comme nous ne sommes pas la Source de l'Amour, il nous faut être d'abord remplis d'Amour par cette Source qui est Dieu, avant de prétendre aimer vraiment!(cf SCHEMA 4)Or notre désir d'être aimé à l'infini est effectivement, dés notre conception, comblé par Dieu. Mais, par suite de la cassure, par l'humanité, de sa relation avec Dieu ou "péché originel", nous sommes tous devenus **incapables de nous rendre compte de l'Amour infini de Dieu pour nous**.

Dés notre entrée en ce monde, nous allons alors quêter l'Amour auprès de ceux qui sont à notre portée, auprès de ceux qui nous entourent. En réponse à cette quête d'Amour, nous recevons, au contraire, de multiples BLESSURES.
L'enchaînement de nos réactions aux blessures subies peut mener à un véritable « Cercle de la haine » si nous n'y prenons garde. Parmi ces conséquences des blessures subies, il en est une qui empoisonne notre vie à tous et bloque notre évolution vers l'AMOUR et donc vers le BONHEUR ! **C'est « le sentiment d'infériorité/indignité ».**

QUESTION 24: Comment, de l'insatisfaction de notre besoin fondamental naît en nous le « sentiment d'infériorité/indignité » ?
REPONSE: En raison de leurs limites et quelle que soit leur bonne volonté, ceux qui nous entourent de leur affection ne peuvent satisfaire totalement (loin de là!) ce "désir fondamental" dont on vient de voir l'importance. Inconsciemment, au moins, nous nous posons alors la question de l'origine de notre "manque à être aimé". C'est alors que l'Ennemi, comme il l'a fait avec nos premiers parents, va nous plonger dans la méfiance envers Dieu, **à partir de la réponse erronée** qu'il insinue en nous devant l'insatisfaction de notre intense désir d'être aimé !
Il nous assure que ce manque vient de **ce que...nous ne sommes pas aimables**, tout simplement! Autrement dit, nous serions victimes d'une malfaçon de la part du Créateur! Ce serait Lui le responsable !
Le mensonge de l'Ennemi à propos de notre amabilité, a donc provoqué en nous cette **erreur** lourde de conséquences qu'est le **"sentiment d'infériorité/indignité" !**
C'est le sentiment de ne pas mériter de recevoir de l'Amour et d'être coupables car incapables d'aimer...alors que nous sommes faits, par Dieu, pour tout cela!
Le terme de "sentiment" souligne bien qu'il s'agit d'une impression **non fondée,** car au regard de Dieu, nous sommes image de Lui-même, aimés à l'infini par Lui, malgré même notre état de pécheurs et appelés à aimer, nous aussi, toujours plus!

QUESTION 25: Quelles sont nos réactions au sentiment d'indignité/culpabilité?

REPONSE ; Nous avons plusieurs sortes de réactions :

1) Etant habités par **la conviction que nous ne sommes pas aimables**, dès lors, nous allons nous épuiser en efforts désespérés pour obtenir des autres des marques de considération et d'amour **en vue de nous rassurer sur notre valeur et sur notre capacité à être aimé.**

Nous quêterons sans cesse les compliments rassurants susceptibles de calmer notre anxiété et, par contre, toute **indifférence** nous rendra malades…et encore plus, tout **"rabaissement"!**

2) Nous **estimons qu'il y a une injustice à notre égard**, celle de ne pas recevoir **tout l'Amour qui nous est nécessaire!** Cela provoque notre **COLERE**, affichée ou camouflée, comme à chaque fois que nous estimons être **victime d'injustice.**

LA COLERE

La colère est donc une réaction normale (comme la sainte colère de Jésus contre les "marchands du Temple!), s'il s'agit d'une injustice **réelle** mais pas s'il s'agit, de notre part d'une **erreur d'appréciation!**

En fait, dans le cas présent, en réalité nous sommes aimés de Dieu à l'infini…mais nous ne le voyons pas, aveuglés que nous sommes par notre "méfiance originelle"!

Notre colère n'est donc pas juste!

Cette colère s'accompagne d'une telle **sensation d'injustice** avec malaise, que nous désirons en sortir!

Pour sortir d'une situation que nous estimons injuste, il faut remplacer "l'injustice" (ou ce que nous estimons tel) par la "justice". Or, il y a deux façons de voir la "justice", **la façon des hommes** (celle des scribes et des pharisiens, comme l'appelle Jésus) et **la façon de Dieu** (cf Mt 5, 20). **Nous devons choisir la "justice de Dieu"**qui sera la bonne porte de sortie de notre colère!

Cf dans Complément à la Réponse 25 : LES DEUX PORTES DE SORTIE DE LA COLERE

3) Pour combler le manque **apparent** à être aimé, nous allons rechercher des **produits de remplacement de l'Amour,** en nous éloignant de Dieu qui est la vraie Source de celui-ci.
   NB On peut trouver un complément d'étude du sentiment d'infériorité dans le Tome 1 de "Réponses chrétiennes" au chapitre 6.

QUESTION 26 : **Comment guérir, alors, du "sentiment d'infériorité/indignité "?**
REPONSE: La colère provoquée en nous par le « manque » que nous ressentons dans notre quête légitime d'Amour, réclame un remplacement de « l'injustice de ce rabaissement » par la Justice. Mais celle-ci ne doit pas être la « justice des pharisiens » réprouvée par Jésus, comme on l'a vu (Mt 5, 20), car débouchant sur la rancune et la violence. Ce doit être la justice de Dieu, exprimée par Jésus sur la croix : « Père, pardonne leur car ils ne savent pas ce qu'ils font ». Cette Justice là s'exprime par **le Pardon, seul remède efficace du sentiment d'infériorité !** PARDON à tous ceux qui, volontairement ou par erreur, pour "notre bien" ou par méchanceté, nous ont rabaissés et ainsi enfoncés dans ce sentiment d'indignité/infériorité.
La phase ultime de **ce difficile pardon** **est l'acceptation de participer, à travers la souffrance qu'il nous occasionne, au Salut de tous,** (y compris de nos "ennemis"). C'est ce Salut que Jésus nous a obtenu par sa passion, sa mort et sa résurrection!

C'est cette acceptation d'y participer que nous manifestons, lors de l'eucharistie, au moment où Jésus s'y offre au Père par la voix du prêtre pour le salut de tous et que nous approuvons, en répondant AMEN, Ainsi nous acceptons d'offrir au Père, notre humble participation au sacrifice du Christ, concrétisée par la goutte d'eau ajoutée au vin à l'offertoire par le diacre représentant tous les fidèles.

Finalement, il apparaît que la gestion et la guérison de cette blessure de notre personnalité qu'est le "sentiment d'infériorité/indignité " relèvent du même processus que celui devant intervenir à la suite de **n'importe laquelle de toutes ces "blessures" qui nous affectent durant notre vie.**
Cf Ch 7, sur le Pardon, dans le Tome 3 de "Réponses chrétiennes…".

QUESTION 27: Quelles sont nos réactions aux blessures et quelles sont les conséquences de ces réactions?
REPONSE: Quand nous sommes blessés, nous traversons une chaîne de réactions qui nous amènent en général à conclure que nous subissons une **"injustice".** Devant celle-ci, nous entrons dans la même **colère** que celle suscitée par l'insatisfaction de notre désir fondamental (cf plus haut)! Le même choix que dans ce cas là se présente à nous et le risque que, d'agressé, **nous devenions agresseur à notre tour**. Ce serait l'échec complet de notre relation à l'autre. (cf Complément réponse 25). **Il nous faut donc choisir la justice de Dieu (le pardon par l'amour) et non la justice des hommes (rancune, haine et violence).**
On trouvera l'étude des blessures et les réactions qu'elles provoquent en nous au chap 5 p. 36 et 37 du tome 1 de "Réponses chrétiennes…".

QUESTION 28: Comment doit être notre vie, dans son déroulement « de l'image à la ressemblance"?
REPONSE: Notre vie doit être, par analogie avec la vie professionnelle, un **"apprentissage d'Amour",** grâce à notre capacité fondamentale d'être aimé et d'aimer, **pour progresser en Amour**.
Cet apprentissage doit nous amener à une pratique de l'Amour telle que nous passions de l'apprentissage au C.A.P. (certificat d'aptitude professionnelle) en matière d'Amour et devenir, enfin, apte à entrer dans le « Royaume de l'Amour en plénitude…le Royaume de Dieu » **comme expliqué dans le schéma 3.**
Mais on a vu l'handicap que représente pour chacun de nous le "sentiment d'infériorité/indignité" et la difficulté à éliminer ce dernier.

Il est fatal que cet apprentissage d'Amour qu'est notre vie soit marqué, comme tout apprentissage, par des bavures et des "gaspillages d'Amour", voir des refus d'Amour…c'est-à-dire par **le péché.** Nous allons donc voir **les obstacles à vaincre absolument pour progresser**. D'autres facteurs peuvent, au contraire être ambigüs, pouvant, selon ce que nous en faisons, nous aider ou nous contrarier dans notre progression en Amour. Enfin, heureusement, Dieu a prévu des aides spécifiques, facteurs de progression. Nous allons examiner successivement :

- Les obstacles catégoriques
- Les facteurs ambigüs
- Les facteurs de progression

OBSTACLES CATEGORIQUES A NOTRE PROGRESSION EN AMOUR

QUESTION 29: Le premier de ces obstacles est le péché. Qu'est-ce que le péché ?

REPONSE: Le péché, c'est le refus de l'Amour. Cela commence dans l'intention de ce refus et se confirme par la concrétisation dans les pensées, paroles, actions et omissions qui en découlent !

Voir le Complément à la REPONSE 29, ainsi que dans chap. 4 du Tome 1 de "Réponses chrétiennes à quelques questions".

C'est l'Esprit Saint qui nous montre ce qu'est notre péché. Mais cette révélation, qui est grâce de Dieu, s'accompagne de la révélation de la miséricorde de Dieu pour les pécheurs que nous sommes.

Par conséquent si, du fait de mon péché, je me juge condamné sans appel, c'est signe que je vois quelque chose qui n'est pas mon vrai péché!

Le Malin cherche, en effet, à entretenir en moi **une confusion telle que je ne puisse plus voir mon véritable péché, afin que je m'éloigne de la Miséricorde de Dieu.**

Comme dans la parabole du fils prodigue (Lc 15 ,11-32), le Père, au moment même où le fils découvre **les dégâts qu'il a faits à l'Amour**, invite aussitôt le fils à entrer dans **la joie du pardon** et non dans l'accablement du remord ! Ainsi fait Dieu avec nous !

Il est donc de la plus haute importance, pour nous, de ne pas confondre le péché avec ce qui n'en est pas!

Est péché tout ce qui est atteinte volontaire, consciente et délibérée à l'amour, par pensée, parole, action ou omission !

Par contre, tout **ce qui relève simplement du sentiment d'indignité /infériorité n'est pas péché** !

Or, c'est souvent cela que nous considérons comme le péché, et qui nous empêche de voir notre péché véritable. **Il nous faut donc différencier du péché ce qui est infraction ou faute** et, pour cela, comprendre comment fonctionne notre "conscience morale ", comment sont contrôlés nos pensées et nos actes !

QUESTION 30: Outre le péché, les forces du Mal déploient contre nous les obstacles de **l'infestation maligne**. Quels sont-t-ils ?

REPONSE: Le Mal tente de nous détourner du Bien, de l'Amour, par la tentation, mais aussi en nous influençant par ce qu'on appelle **INFESTATION MALIGNE.**

Cette infestation revêt trois degrés d'intensité à travers trois variétés : l'oppression, l'obsession et la possession. Les agents de cette infestation sont d'abord des **purs esprits**, anges déchus en raison de leur opposition à Dieu et à l'Amour, sous la direction de Satan, leur "chef". Ils sont, malheureusement, aidés en cela par la complicité des humains!

NB Outre les explications ci-dessous, on peut trouver le détail de l'infestation maligne dans le tome 2, chap. 6 de la série "Réponses chrétiennes à quelques questions".

QUESTION 31: Qu'est-ce que l'oppression?

REPONSE : L'OPPRESSION regroupe des phénomènes **venant de l'extérieur** par rapport à notre personne. Elle concerne surtout le corps. Ce sont des manifestations parfois effrayantes, car **inexplicables**, tels que bruits, odeurs, sensations tactiles, visuelles etc… Mais les manifestations ne concernent pas seulement les cinq sens. Il y a souvent des sensations internes de striction, pression, torsion etc…

Peuvent s'y joindre des "impressions", comme celles de "présences insolites, agressives". Les examens médicaux et paramédicaux complexes pratiqués pour déceler une éventuelle origine médicale restent absolument négatifs.
A cela s'ajoute l'impression de n'être compris ni par le médecin qui "ne trouve rien", ni par l'entourage qui ajoute souvent "c'est dans ta tête!"Pour comble de malheur, peuvent survenir des faits accidentels répétés, qui ajoutent au désarroi!
Les Puissances du Mal agissent par l'oppression pour essayer de détruire notre confiance en Dieu et ainsi nous détacher de l'Amour et ceci essentiellement par **la peur.**
De fait, la personne ainsi "attaquée" risque de conclure à une absence de protection de la part de Dieu, donc à une indifférence de Dieu. Or, c'est contre cela que Jésus s'est élevé avec force en nous affirmant, dans Jn 10, 27-30, que chacun de nous, s'il se met dans la "main du Père" (et c'est, entre autres ce que réalise l'option du baptême), jouit d'une protection efficace contre les tentatives du Mal qui cherche, en vain, à l'arracher à cette protection!
Bien entendu, la protection dont nous jouissons dans "la main du Père" n'empêche pas les épreuves telles que définies plus haut. De plus, étant des personnes libres, nous pouvons malheureusement succomber à la tentation de rechercher notre protection ailleurs qu'avec Dieu et sortir par nous même hors de cette protection, voir même ouvrir malencontreusement la "porte" de notre Personne à l'Ennemi et tomber alors dans un degré plus grave d'infestation maligne qui est l'Obsession!

QUESTION 32: Qu'est-ce que l'Obsession?
REPONSE: L'OBSESSION est l'ensemble des manifestations malignes perturbatrices de la personne qui a ouvert **par erreur ou imprudence** "la porte" au Mal. Ce dernier est alors "dans la place", c'est-à-dire **au niveau corps et âme** et y provoque des troubles tels que : perception d'odeurs désagréables, hallucinations visuelles, auditives, sensation de "présences" hostiles, difficulté à contrôler ses gestes, manifestations violentes, invectives, rejet de tout ce qui est "sacré".

Il y a débordement par les convoitises, celles mêmes, parfois, qui ont contribué à ouvrir la porte.
On peut ainsi retrouver l'alcool, les drogues, le jeu, le "spiritisme", les"passions" diverses, la pornographie, les déviations en tous genres…etc!
Il y a une dégradation progressive de la personne qui est complètement déboussolée et, ne sachant plus "à quel saint se vouer", risque alors de se tourner vers ce pouvoir maléfique qui a déjà une emprise sur elle et contracter alors, avec ce "pouvoir" et pour son malheur, un "pacte" susceptible de provoquer une véritable "possession" par le Mal!

QUESTION 33: Qu'est-ce que la "Possession"?
REPONSE: La POSSESSION est l'emprise des Puissances du Mal sur une personne en ses trois composantes que sont le corps, l'âme, mais aussi l'esprit. Il en résulte que la personne ne peut plus agir d'elle-même, mais que c'est Satan et ses comparses qui lui font accomplir ce qu'ils décident.
Il y a trois sortes de manifestations qui signent la possession :

- **le décuplement des forces physiques**, orienté vers la violence. Ainsi, le possédé peut déployer une force à laquelle plusieurs personnes musclées ont du mal à s'opposer!
- **le parler en langues inconnues**…à ne pas confondre avec le charisme de "parler en langue" et qui s'en distingue, entre autres, par le désordre dont il s'accompagne, au lieu de l'ambiance pacifique du "parler en langues"!
- **la révélation de faits cachés** orientés vers le scandale et chargée d'agressivité. A noter que toute prédiction du futur relève de la duperie, car l'avenir n'appartient qu'à Dieu qui seul décide si s'accompliront ou non de semblables prédictions faites pour impressionner l'entourage et semer le trouble.

De toutes façons, le diagnostic de possession doit faire l'objet d'un discernement attentif et autorisé. En effet, la possession peut être simulée par l'intéressé lui-même ou, paradoxalement par les Puissances du Mal dans le but de semer le trouble et la peur en "brouillant les cartes"!

D'elle-même, la personne possédée ne peut remédier à son état. Cela ne veut pas dire, d'ailleurs qu'elle ne puisse revenir sur son choix initial de complicité avec le Mal.
En effet, la personne, à la fine pointe de son "esprit", reste en contact avec Dieu qui y est toujours présent. Cette présence est d'ailleurs la source du dépit des forces du Mal, obligées de la supporter bien malgré elles. C'est là une véritable souffrance de…la damnation!

QUESTION 34: Comment lutter contre l'infestation maligne?
REPONSE: La première chose à faire, comme en médecine, est de porter le diagnostic le plus exact possible de la variété d'infestation dont il s'agit, afin d'appliquer le traitement approprié et de ne pas augmenter les dégâts par un traitement inadéquat.
Vis-à-vis de l'oppression, la prévention par la recherche d'une croissance spirituelle selon **tous les moyens proposés plus haut** est le meilleur moyen de lutte. La conviction solide d'être protégé efficacement, dans la "main du Père" est essentielle, mais ne doit pas être présentée comme un moyen "magique" dispensant de tout effort, bien au contraire. En effet, il est certain que plus nous progresserons dans la vie spirituelle et plus nous serons l'objet d'attaques par les forces du mal.
Mais plus nous serons, aussi, capables de leur résister efficacement. On sait bien que les forces du Mal n'inquiéteront jamais celui qui est…déjà sur la mauvaise pente.

Par contre, elles s'acharneront à perturber par tous les moyens ceux qui progressent vers le Royaume! Entre autres moyens de lutte, la "prière des frères" et l'accompagnement spirituel (et, à l'occasion psycho spirituel), sont d'une aide certaine!
Vis-à-vis de l'obsession, la détermination de la "porte d'entrée" ayant favorisé l'infestation est très importante, afin d'y mettre un terme le plus vite possible! Pour cela, un accompagnement attentif, psycho spirituel, est généralement indispensable…de même qu'une prière des frères, du type "guérison / libération".

Parfois, l'accompagnement écartera l'éventualité d'une participation d'ordre psychiatrique ou montrera la nécessité d'un traitement, conjoint, de ce type!
Il ne faudrait pas, en effet, aggraver des troubles psychiatriques sous jacents, par un traitement "spirituel" intempestif et en négligeant le traitement psychiatrique qui serait nécessaire.
Le traitement d'une possession vraiment diagnostiquée est d'ordre spirituel. C'est une "prière d'autorité" ayant le pouvoir de chasser "l'occupant" de la personne, au nom du Christ qui a donné à ses apôtres le pouvoir de chasser les esprits mauvais en question. C'est donc l'évêque qui a autorité pour cela, directement ou en donnant délégation spéciale à qui de droit pour le remplacer dans cette tâche.
En dehors, donc, de "l'exorciste" dûment désigné par l'évêque, tout soi disant exorciste n'est qu'un imposteur dangereux, même si les foules courent vers lui inconsidérément.
Le traitement par exorcisme doit ensuite être complété **par un accompagnement sérieux, spirituel et psycho spirituel pour réparer les dégâts** réalisés par l'occupant dans le corps, l'âme et l'esprit du possédé. Il faut aussi soigner l'ambiance autour de cette personne et la tenir éloignée des facteurs de rechute.

Dans le traitement de l'infestation maligne, il y a danger :

- de méconnaître l'origine "maligne" de certains troubles, ce qui laisse libre cours au Démon.
- ou de voir le Démon derrière des troubles qui n'ont pas d'origine "maligne", ce qui brouille les cartes et fait le jeu du Démon!

Quand des troubles semblent résister à un exorcisme véritable, cela pose le double problème:

- d'une possible **erreur de diagnostic**, au départ, avec ce qui ne relève pas de l'infestation maligne,
- mais aussi, de la **persistance,** chez la personne en question, d'une complicité avec le Mal.

Objectivement, on constate que les cas d'oppression et d'obsession sont plutôt minimisés en nombre et importance, aux yeux des chrétiens et donc malheureusement insuffisamment traités. Au contraire, les cas de possession sont surestimés en nombre, ce qui contrarie le traitement adéquat qu'exigeraient les manifestations réelles, avec lesquelles ont les confond!

FACTEURS DE PROGRESSION OU REGRESSION EN AMOUR SELON NOS REACTIONS

Les épreuves et la souffrance qu'elles peuvent provoquer ont une influence sur notre progression ou régression en Amour, en fonction de nos réactions à la souffrance !

QUESTION 35: Durant notre vie, comment est-t-il possible que la **souffrance** entre dans le Plan de Dieu ?
REPONSE: La souffrance est une réalité affectant la personne humaine, dans ses trois constituants du corps de l'âme et de l'esprit. Elle provient de l'insatisfaction d'un désir, à l'un ou plusieurs de ces trois niveaux. Au lieu du bonheur escompté à partir du désir, c'est une réalité de malheur rationnellement inexplicable qui est vécue.
La souffrance est différente de la douleur. Cette dernière est un phénomène naturel ayant normalement une utilité dans la préservation du corps.
Cependant, la douleur peut être une menace pour l'intégrité de l'individu et doit être alors **efficacement combattue**.
La souffrance résultant de la douleur est, elle, "contre nature". La souffrance varie en intensité et en modalité, en fonction de la variété de désir en cause.
Il y a, chez l'homme un **désir fondamental** qui est celui d'être aimé et d'aimer! Par rapport à lui, les autres désirs sont "secondaires". La réalisation totale du désir fondamental mène au **Bonheur en plénitude par l'Amour en plénitude.**
Par contre la satisfaction des désirs secondaires mène vers le Bien **s'ils sont en accord avec le Besoin fondamental**.

Mais pour les désirs en désaccord avec le Besoin fondamental, cette satisfaction conduit vers le Mal! En choisissant ce qui est fondamental, l'Amour, l'homme peut réussir à traverser l'obstacle qu'est, pour lui, la souffrance.

On constate ainsi que l'homme peut traverser des épreuves physiques ou affectives comportant souffrance, tout en éprouvant **le bonheur lié à la satisfaction de son désir fondamental d'Amour.**

La réaction habituelle de l'homme face à la souffrance est d'abord, bien entendu, le refus dans l'incompréhension. Puis c'est **la colère devant ce qu'il considère comme injuste.** Vient alors la recherche de l'auteur de cette "injustice", autrement dit, du "coupable" : soi-même, les autres ou Dieu?

Quel que soit l'aboutissement de sa recherche du coupable, il faudra bien que l'homme sorte de sa colère par le rétablissement d'une situation "juste". Et, pour cela, il n'y a que les deux portes de sortie de la colère. (cf Complément Réponse 25 sur la Colère). Ces deux portes de sortie sont, comme vu plus haut

- ou la rancune, la haine, la violence
- ou le pardon, envers soi-même, envers les autres, jugés responsables de notre souffrance, voir « envers Dieu ». Paradoxalement et de façon théologiquement fausse mais psychologiquement vraie, il nous faut aussi "pardonner à Dieu" notre situation de souffrance. Entendons par là que **nous devons nous défaire d'une vision totalement fausse de Dieu, celle d'un Dieu vengeur qui nous punit de nos fautes par la souffrance.**

Ce soi disant Dieu est une idole fabriquée par notre imagination. Ce qui est vrai, c'est que Dieu nous envoie des **épreuves** que nous interprétons souvent comme des vengeances et punitions venant de lui.

Nos épreuves, qui entraînent de la souffrance, sont, en réalité adaptées par Dieu pour nous offrir l'occasion et le moyen de grandir en Amour, **en nous associant au Plan de salut de Dieu pour toute l'humanité.** Ce Plan est centré sur la passion, la mort et la résurrection du Christ, traversées par lui librement.

Cette traversée s'est accompagnée de la **supplication du Christ à Celui qui "pouvait le délivrer de la mort" (He 5, 7-10) et en même temps de l'acceptation de la souffrance en vue du salut de tous les hommes, par amour pour eux.**

Le Plan initial de Dieu ne comportait ni le Mal ni la souffrance, mais par contre notre LIBERTE, en vue de notre adhésion à l'Amour. De notre liberté a pu surgir le Mal et une de ses conséquences qui est la souffrance. Dieu a retourné cette souffrance contre sa cause, le Mal, pour vaincre celui-ci par la Rédemption, grâce à l'Amour.

Mais cette victoire a un prix, qui est la souffrance du Christ! Ainsi a pu être rétabli, par l'Amour, le Plan de Dieu de Bonheur pour les hommes. L'adhésion des hommes à ce Plan suppose, bien entendu **dans la liberté,** leur acceptation, **à travers la souffrance de ces épreuves, de participer au salut avec le Christ.**

NB On trouvera une explication détaillée de la Réponse à la question de la souffrance dans le Tome 1, chapitre 13 de "Réponses chrétiennes à quelques questions".

QUESTION 36 : Comment la SEXUALITE, prévue par Dieu pour être un facteur de progrès pour nous en Amour, peut se « retourner » vers une régression ? Comment l'employer pour le progrès ?

REPONSE: Elle se trouve dans l'examen lui-même de la sexualité

LA SEXUALITE

DEFINITION / AMOUR ET SEXUALITE

La sexualité, c'est l'ensemble de ce qui différencie les deux sexes :

- chez l'animal, entre mâle et femelle
- chez les humains, entre féminin et masculin

A travers même la différence entre les uns et les autres que comporte la sexualité, Dieu nous donne une **occasion d'ouverture** destinée normalement à favoriser l'Amour dans nos relations interpersonnelles.

De la sexualité globale, il faut distinguer la génitalité, qui est une partie de la sexualité et qui, chez les humains, permet le rapprochement de l'homme et de la femme, pour la réalisation des buts globaux de la sexualité. Elle comporte les organes et leur fonctionnement nécessaires pour cela. L'emploi de la génitalité a des **conséquences qui engagent d'une certaine manière l'homme et la femme l'un envers l'autre, même si l'usage de la génitalité n'a été que momentané!**
Il faut insister sur la différence entre sexualité et génitalité, entre le caractère d'appartenance automatique et obligatoire de tout être humain à la sexualité et le caractère facultatif **de l'emploi** de la génitalité.

BUTS DE LA SEXUALITE HUMAINE

Les deux buts de la sexualité humaine sont : la **progression dans l'amour** (pour tous, par conséquent) et, pour certains seulement**, la co-création** à travers la **procréation**.
Ce deuxième but est lié à la notion de **paternité responsable,** qui s'oppose à **l'irresponsabilité sexuelle** aussi bien qu'à la mentalité **de « propriétaire »**. Nous ne sommes pas, en effet, propriétaires de notre sexualité, mais gérants de celle-ci comme de toute notre personne. La mentalité de "propriétaire" en matière de sexualité entraîne un **blocage sur soi-même**, lequel se retrouve dans la masturbation, (qu'il ne faut pas confondre avec la simple exploration de soi-même du petit enfant).
Cela comporte de ce fait le danger d'un **repliement sur soi** et de "fermeture". Si nous nous estimons propriétaire, ayant pleine et entière disposition de ce que nous sommes, **nous refusons toute dépendance envers "l'autre".** Cette "indépendance représentée, entre autres, par la « masturbation solitaire » est alors incompatible avec l'Amour qui, lui, est ouverture à "l'autre" (particulièrement dans le volet « Accueil » de l'Amour ! De même, la « pornographie », vécue comme une emprise sur « l'autre », sur celui qui se montre, est en opposition à l'Amour dans son volet « DON du Bonheur à l'autre ».
La progression en Amour est un but de la sexualité générale, tant que nous ne serons pas parvenus au Royaume.

Par contre, dans le Royaume, étant arrivés à la plénitude de l'Amour, nous n'aurons plus besoin, tout comme c'est le cas pour les anges, de ce moyen d'y parvenir qu'est la sexualité dans le projet de Dieu. Et ceci aussi, après la résurrection (contrairement à ce qu'évoque le "paradis musulman"!).

Avec la sexualité, se pose le problème du comportement sexuel et de ses déviances (cf Complément à Réponse 16 sur l'amour et 37 sur anomalies de comportement dans la sexualité).

Cf le lien avec le schéma N°4, sur la source de l'Amour, mentionnant les apports, positifs ou négatifs de la sexualité, au remplissage de notre « vase ». Cf Complément à la Réponse 16, ainsi que Pureté, chasteté, sublimation, dans le complément à la réponse36.

QUESTION 37: Quelles sont les "anomalies" possibles dans l'expression de la sexualité?

REPONSE:

ANOMALIES DE CONSTITUTION

1) Anomalies provenant des chromosomes :
   Les anomalies de détermination chromosomique du sexe sont, heureusement, assez rares chez les humains.
2) D'autres anomalies entraînent une ambiguïté dans l'aspect sexuel de la personne, comme dans l'hermaphrodisme ou le gynandromorphisme où les deux sexes semblent se mêler !
3) Ailleurs, ce sont les récepteurs, au niveau des organes concernés par la sexualité, qui sont insensibles aux hormones sexuelles. Ainsi, par exemple, l'anomalie du "testicule féminisant", dans laquelle existe un trouble de réceptivité à la testostérone, au niveau des organes concernés, Il en résulte un aspect féminin alors que le sexe est masculin au niveau chromosomique.

ANOMALIES DE COMPORTEMENT

Discordance entre le sexe et le comportement sur les plans sexuel et génital

Cela va d'une attirance pour le même sexe (**homophilie)** à un comportement génital avec individu du même sexe (**homosexualité**). Il y a donc anomalie par rapport à la "normale" objective du Plan de Dieu.

Des deux buts de la sexualité compris dans ce Plan, il est évident que celui comportant la procréation devient alors impossible à réaliser. Il se heurte à une impossibilité contre laquelle les divers essais de contournement sont impuissants. Il en résulte donc un manque, dans leur sexualité, pour les personnes dans cette situation. La réalisation de leur sexualité dans le Plan de Dieu est imparfaite.

Cela entraîne automatiquement **une souffrance**, même si les intéressés proclament parfois haut et fort la satisfaction de ce qu'ils vivent. **C'est cette souffrance** que nous devons prendre en considération et respecter, en dehors de tout jugement sur la personne.

Par contre, il faut être formel sur deux points :

- les anomalies que sont l'homophilie et l'homosexualité ne sont pas "héréditaires", bien que favorisées parfois par l' l'ambiance dans laquelle ont grandi les intéressés.
- il est toujours possible de passer d'un état et d'un comportement à un autre, dans les deux sens, malgré la complexité des éléments "psycho spirituels. Aucune situation, en matière de sexualité, sur le plan du comportement, n'est définitivement fixée a priori. Chacun reste un être libre et responsable!

Anomalies du comportement dans l'exercice de la génitalité

Une anomalie se juge **par rapport aux buts** normaux de la sexualité.

Est donc anormal tout comportement manifestant un égoïsme, un repli sur soi, une indépendance flagrante, un mépris de l'autre, de sa dignité, de sa légitime intimité, et toute **emprise sur l'autre** qui vise à le "chosifier" et qui sont donc contraires au but même de la sexualité qui est de faire grandir en Amour.

L'emprise est l'inverse du DON, lequel est le premier volet d'expression de l'Amour! C'est malheureusement ce que réalise **la pornographie** par **l'emprise du « regardant » sur le « regardé » !**

A cet égard, les effets destructeurs de la **pornographie** sont évidents, trop souvent naïvement minimisés, sans compter le lien qui existe entre elle et la pédophilie. Ils sont d'autant plus nuisibles que les intéressés ignorent que cette anomalie résulte chez eux **d'un manque.**

Une autre anomalie est la masturbation compulsive, réalisant, elle aussi, un état de dépendance semblable à celui d'une drogue et contrevenant, par ailleurs au second volet de l'Amour qu'est **l'acceptation d'interdépendance** par rapport à « l'autre » et qui est absent dans l'anomalie en question !

C'est le manque qu'il faut combler par du "positif" au niveau de l'Amour, au lieu de pratiquer une "fuite en avant" qui accentue le manque et la dépendance! Tout comme il n'y a pas de "drogue douce", il n'y a pas d'anomalie de comportement sexuel sans effet destructeur pour l'Amour. La nécessité d'un accompagnement psycho spirituel est évidente dans un cas comme dans l'autre.

FACTEURS DE PROGRESSION EN AMOUR OFFERTS EN EGLISE

QUESTION 38: Quels soutiens avons-nous en Eglise dans notre marche, par l'Amour, vers le Royaume.?

REPONSE: D'abord, **le soutien des sacrements** dont le premier est le baptême!

Le baptême est signe de notre incorporation à l'Eglise et moyen de notre salut. C'est à la fois une offre de Dieu et une réponse de l'homme à cette offre.

Dieu nous offre le Bonheur en plénitude grâce à notre libre accord d'entrer dans l'Amour en plénitude, qu'il nous offre en la personne du Christ Jésus. Par le baptême, nous nous engageons à le suivre Jésus, en pratiquant les "commandements" qu'il a laissés à son Eglise pour nous conduire au "Royaume".

Cet engagement, ce sont les parents qui le prennent quand ils demandent le baptême de leur enfant, ainsi que les parrain et marraine.

C'est pourquoi **l'Eglise doit s'assurer** auprès d'eux de leur volonté réelle de faire leur possible pour amener l'enfant à la foi.

Mais il est évident que, **parvenus à l'âge d'un discernement réel, les enfants, baptisés sur demande des parents, doivent alors eux-mêmes confirmer leur adhésion personnelle au sacrement de baptême reçu bien auparavant**. C'est là, normalement, l'objet du renouvellement solennel des "vœux du baptême". Faute de cette confirmation libre de leur "adhésion au Christ", ils ne pourraient être considérés comme chrétiens!

Par le baptême dans l'eau et l'Esprit Saint, nous devenons chrétien, quelle que soit la "confession" chrétienne dans laquelle ce baptême a été pratiqué "au nom du Père, du Fils et du Saint Esprit".

Le baptême de Jean, lui, représentait un acte de pénitence en vue du pardon des péchés. C'est pourquoi Jésus, qui était sans péché, a voulu cependant le recevoir et s'est ainsi chargé, par cette démarche, de tous **les péchés de l'humanité pour les effacer par la Rédemption!**

QUESTION 39: Qu'est-ce que l'eucharistie, soutien primordial institué par le Christ?

REPONSE: L'EUCHARISTIE est le "**mémorial** de l'offrande" du sacrifice du Christ pour le Salut de l'humanité.

Tout sacrifice comporte en effet deux parties. La première est **l'offrande** à la Divinité de ce qui va lui être sacrifié, pour le but recherché.

Ensuite, c'est la réalisation concrète de cette offrande, le sacrifice proprement dit. Dans l'eucharistie, il s'agit de l' "offrande sacrificielle", faite solennellement par Jésus, lors de la dernière Cène.

Jésus y offre sa personne à travers sa passion, sa mort, sa résurrection, en vue du salut de l'humanité qu'il doit achever d'accomplir ensuite à la croix. Mais le seul, unique et définitif sacrifice, accompli, par lui, une fois pour toutes, l'a été à la croix ("Tout est accompli" Jn 19, 30). Jésus seul pouvait l'accomplir. Par contre, Jésus a institué, avec l'eucharistie, lors de la dernière Cène, **le mémorial de son offrande** et a demandé aux apôtres présents **de le pratiquer jusqu'à son retour**.

L'offrande, en effet, peut parfaitement se répéter, confirmation d'une offrande solennelle initiale! (Ainsi, les époux chrétiens sont invités à répéter chaque jour leur offrande de dépendance mutuelle d'amour...de même le prêtre pour l'offrande de sa vie sacerdotale).

Le mémorial, lui, est toujours présent, alors que le souvenir appartient au passé. Le mémorial, commencé dans le passé, se continue dans le temps, même si nous le vivons de façon discontinue.

Pour le comprendre, on peut utiliser l'image d'un très grand bâtiment comportant une seule immense pièce et de nombreuses fenêtres en façade.

Si on longe la façade dans l'obscurité, alors qu'une vive lumière illumine toute la pièce, on est éclairé quand on passe devant chaque fenêtre et on reste dans l'ombre entre chacune de celles-ci. Nous avons l'impression de lumières discontinues alors que c'est la même lumière qui nous éclaire.

Il en est de même pour l'eucharistie où nous vivons **l'offrande continue du Christ** alors même que les eucharisties sont discontinues. L'offrande n'est, évidemment possible que parce que le Christ y est présent **réellement et non symboliquement**. Lors de l'eucharistie, l'offrande de lui-même qu'y fait le Christ à son Père nécessite, bien entendu, **sa présence réelle.** Il ne peut s'offrir au Père s'il n'est pas là!

De plus, avec le pain et le vin, c'est symboliquement tout ce que peut apporter l'humanité qui est présenté **et la goutte d'eau, ajoutée au vin, souligne cette participation que Dieu attend des hommes.**

C'est pour obtenir la participation des hommes de toutes les générations successives à son offrande, dans son œuvre de Salut, que Jésus a institué ce mémorial de l'eucharistie.

C'est très clair dans l'évangile, lors du lavement des pieds (Jn 13).

Jésus a demandé à Pierre de se laisser faire s'il voulait **participer** à ce que lui, Jésus, allait faire lors de la dernière Cène toute proche, à savoir l'offrande de sa vie pour le Salut.

Puisque Jésus est là, lors de l'eucharistie, pour s'offrir toujours au Père, nous pouvons alors participer à son offrande **et nous offrir nous-mêmes** avec nos efforts d'amour et notre vie entière.
Jésus nous demande cette « participation » à son offrande en insistant autant qu'avec les trois apôtres qui l'accompagnaient à Gethsémani, auprès desquels il demandait aide et réconfort. Si nous tournons le dos et refusons notre participation à l'eucharistie, alors il manquera quelque chose à l'offrande de salut, à la réalisation totale du plan de Dieu.
Si, au contraire, nous vivons l'eucharistie en participant pleinement à l'offrande du Christ présent lors de l'eucharistie, alors le Royaume est « déjà là » !
A cette offrande du Christ à son Père, nous nous associons, par **"l'amen"** prononcé avec force à la suite des paroles du prêtre : « par Lui, avec Lui et en Lui… » et qui atteste l'offrande de nous-même.

La conséquence logique de notre participation à l'offrande sacrificielle du Christ au cours de l'eucharistie, c'est la **communion,** qui nous permet de le recevoir. C'est dire que, normalement, la communion ne doit intervenir qu'au cours de l'eucharistie, sauf si la personne ne peut, pour une raison valable, comme la maladie ou l'absence d'eucharistie dans le voisinage, y participer.
Cette communion va changer notre vie. En effet, Jésus nous affirme : « celui qui mange ma chair et boit mon sang **vit en moi et je vis en lui** » (Jn 6, 56). Ce n'est donc pas pour un instant seulement !

D'ailleurs, Jésus déclare aussi « celui qui mange ma chair et boit mon sang a la vie **éternelle** » (Jn 6,54).
Jésus demeure alors en nous, **bien vivant** (Jn 6, 51) et nous avons cette double grâce de sa présence :

- en chacun de nous par la communion
- au milieu de nous, dans la « sainte réserve eucharistique»

Cela va changer notre vie puisque, comme le dit Paul, **« ce n'est plus moi qui vis, c'est Christ qui vit en moi ».** Je reste moi-même, mais ma vie change grâce à sa présence en moi!
L'importance de la communion ne doit pas, cependant, nous faire inverser les priorités : le plus important, dans l'eucharistie, c'est **l'offrande que le Christ y fait** de sa passion, de sa mort et de sa résurrection, pour le salut du monde, et notre **participation à cette offrande**, qu'il nous demande avec insistance d'apporter!

NB Explication détaillée sur l'eucharistie dans le Tome 2, chapitre 7 de "réponses chrétiennes à quelques questions".

QUESTION 40: Qu'est-ce que la confirmation ou chrismation?
REPONSE: C'est le signe et le moyen de recevoir l'Esprit saint avec ses dons, promis par Jésus à ses apôtres et pleinement réalisée, pour eux, à la Pentecôte suivant l'Ascension du Christ.

CONFIRMATION

Ce sacrement, conféré normalement par l'évêque, confirme le baptisé dans sa foi et son attachement au Christ. Il ne constitue pas, cependant, la seule possibilité de réception des dons de l'Esprit Saint.
Nous bénéficions de ceux-ci, en effet, lors de la réception d'autres sacrements ou même spontanément parfois, par grâce gratuite de Dieu. C'est ce qu'évoque le terme **d'effusion de l'Esprit** désignant la réception, par un chrétien désireux de suivre le Christ, de dons de l'Esprit pouvant l'aider dans ce but et souvent, alors, demandés pour lui par une communauté croyante dont il est membre. Une telle grâce, gratuite, venant de Dieu, n'est évidemment pas une garantie de sainteté ni même de persévérance pour celui qui la reçoit, mais une aide et un encouragement pour aller "plus loin"!

QUESTION 41: Qu'est-ce que le sacrement de pénitence et réconciliation?

REPONSE: C'est la remise, par Dieu, de l'offense qui lui a été faite par les péchés, c'est-à-dire les "refus d'Amour" des hommes et c'est aussi la réconciliation avec l'Eglise entière blessée par ces péchés.

SACREMENT DE PENITENCE ET DE RECONCILIATION

Sa célébration a été accordée par Jésus à son Eglise par le truchement des apôtres auxquels il a confié cette tâche et cette capacité, selon ce que rapporte Jean (20, 22-23). Jacques nous incite à prier avec foi et à confesser mutuellement nos péchés afin qu'ils soient pardonnés (Jc 5, 15-16).

Chacune de nos eucharisties débute par la reconnaissance de nos péchés et la demande, normalement exaucée, de pardon de ceux-ci si nous en avons le repentir et si leur éventuelle gravité n'a pas cassé complètement notre relation d'Amour à Dieu. Au cas où le péché aurait cassé complètement notre relation à Dieu, l'Eglise nous demande de solliciter expressément le pardon de Dieu, dans le cadre du **sacrement de réconciliation**. Ce sacrement apporte par lui-même des grâces de guérison, si bien qu'il est utile en dehors de manquements graves, de notre part, dans notre relation à Dieu.

Cette démarche doit s'accompagner de notre aveu et de notre repentir afin d'obtenir le pardon de Dieu. **Le sacrement n'est pas, en effet, un "acte magique".**

Il est administré sous réserve que soient remplies les conditions nécessaires à son efficacité, dont, d'abord **le repentir sincère**. Ce repentir, c'est à la fois **souffrance** d'avoir altéré l'Amour, mais, dans le même temps, **joie immense** de la Miséricorde de Dieu!

Une fois le pardon accordé par Dieu, il nous faut aussi faire l'effort de la **réparation.** Cette dernière consiste à rechercher les causes de notre chute et les moyens de l'éviter désormais...faute de quoi, il est certain que la rechute serait quasi automatique. C'est dire qu'il faut, pour cela, consentir à se faire aider dans un "accompagnement" sérieux, malgré notre paresse et peut-être notre honte!

Le sacrement de réconciliation est donc un moyen efficace de progression dans l'Amour, à la disposition des baptisés.

Pour autant, les hommes qui n'ont pas eu accès à la Bonne Nouvelle du Salut, du fait de circonstances dont ils ne sont pas responsables, ne sont nullement privés de la Miséricorde de Dieu. C'est sur leur concordance à l'Amour qu'ils seront interpellés au "jugement dernier" comme l'explique la parabole sur celui-ci en Mt 25,31-41.Ce que Dieu veut, c'est qu'aucun ne se perde parmi ses enfants que sont tous les hommes!

QUESTION 42: Qu'est-ce que le sacrement de mariage?

REPONSE: C'est le **signe** de l'engagement public et solennel, **entre un homme et une femme,** de former un couple définitif répondant au Plan de Dieu dont l'Amour est la pierre angulaire. C'est aussi un **moyen** pour le couple de respecter cet engagement.

Jésus a donné la définition du sacrement de mariage lors de sa mise au point, avec les pharisiens, sur ce sujet, en Mt 19, 1-9.

Le mariage ne peut donc concerner que l'homme et la femme et doit assumer le rôle que Dieu lui a dévolu à travers la sexualité, à savoir la **progression de chacun en amour** et l'accomplissement du **rôle de co-créateur** par la procréation.

Il en découle évidemment la **fidélité!** Il s'agit là, en premier lieu, de fidélité à l'engagement à l'Amour qu'ils ont contracté l'un envers l'autre devant Dieu et devant l'Eglise représentée par leurs témoins.

Ces derniers doivent d'ailleurs être, logiquement et concrètement, en accord, eux-mêmes, avec ce principe de la fidélité dans le mariage!

L'infidélité, c'est tout ce qui va à l'encontre des engagements du sacrement de mariage… depuis **la négligence** à donner à l'autre le bonheur par l'Amour, en passant par **l'indépendance** vis-à-vis de l'autre! **Le non-respect de l'engagement à aimer l'autre est en soi, déjà, un adultère,** même s'il n'y a pas "fornication". C'est cela que Jésus nous a affirmé avec force en rappelant qu'est déjà adultère celui qui se permet un seul regard de convoitise sur une femme qui n'est pas la sienne (Mt 5, 27-28).

Cela vaut également pour tout regard de convoitise d'une femme pour un homme autre que son mari !

Outre la croissance mutuelle en Amour, le sacrement de mariage chrétien comporte **l'engagement d'être co-créateur par la procréation des enfants et leur éducation.** Ce volet de notre sexualité est normalement source de grande joie pour les parents. Elle peut être aussi source d'erreur quand nous estimons être les seuls et incontestés propriétaires de notre sexualité (et de nos enfants?).

Il nous faut reconnaître que c'est **Dieu qui en est le vrai propriétaire**, parfaitement habilité à nous en demander compte, tout comme de ce que nous faisons vis-à-vis de la nature qui nous entoure et qu'il nous a confiée aussi!

Tout un courant **d'indépendance vis-à-vis de Dieu**, se dresse pour réclamer le droit d'entière propriété de chacun sur sa sexualité.

Cette mentalité, dite "contraceptive", prisonnière des "techniques", s'oppose à la saine et **intelligente** gestion "écologique" de notre sexualité qui, elle, exige de nous, bien entendu un **comportement responsable.**

Le couple a et lui seul la responsabilité pour déterminer le nombre d'enfants à mettre au monde et la façon de réaliser cette "régulation" en conformité avec le Plan de Dieu! Ceci afin qu'Amour et efficacité s'y rencontrent, pour le plus grand bien du couple. Remarquons au passage que le rejet, systématique, dans les médias, des méthodes écologiques de régulation des naissances est, bien orchestré par certains "intérêts" économiques...en réalité très onéreux pour la collectivité!

Bien entendu, la tout à fait légitime et bonne régulation des naissances n'a rien à voir avec l'avortement prôné par une "mentalité abortive" faisant peu de cas de la dignité de tout être humain dés sa formation et des conséquences psycho affectives qu'entraîne cet acte!

Parmi tous les problèmes affrontés par les couples dans le mariage, ceux qui touchent à la sexualité sont malheureusement trop souvent abordés sous l'angle unique, étriqué, du "permis et défendu" et compliqués "à plaisir", alors que la simplicité est, en la matière, la clé de la "réussite". Il faut, bien entendu, adjoindre à la simplicité, le **discernement éclairé.**

Celui-ci évalue les avantages et inconvénients des différents comportements dans les différentes et multiples situations à gérer par le couple, dont souvent celle de la régulation des naissances. Certaines situations, n'offrent, parfois en effet, au moins momentanément, aucune solution qui soit dans le strict Plan de Dieu. C'est pourquoi la conférence des évêques de France, lors de la parution de l'encyclique Humanae vitae en 1968 a montré dans ses commentaires la nécessité, parfois, de choisir, pour une durée aussi brève que possible, ce qui apparaît comme un "moindre mal"! Ceci pour éviter un mal plus grand!

QUESTION 43: Qu'est-ce que le sacrement de l'Ordre ou Ordination?
REPONSE: C'est le sacrement qui confère une partie des responsabilités et pouvoirs que détient le Christ/ Tête de l'Eglise et Bon Pasteur, vis à vis des fidèles : sanctification, enseignement, gouvernance.

Ce que confère le sacrement de l'Ordre à celui qui le reçoit est donné :

- en plénitude, par l'ordination épiscopale, instituant les évêques, dans la succession des apôtres,
- en partie, par l'ordination presbytérale (sacerdotale) et diaconale. Cette dernière constitue le premier degré de l'Ordre. C'est par la suite que sont conférés éventuellement le second, presbytéral, puis l'épiscopal.

Pour les candidats à ces différents degrés de l'Ordre, certaines conditions doivent être remplies, qui varient d'ailleurs selon les rites dans lesquels ils sont conférés. Ainsi, l'obligation réglementaire de l'engagement au célibat, **actuellement** en vigueur à partir du second degré, dans le rite latin, ne l'est pas dans les différents rites orientaux catholiques.

QUESTION 44: Qu'est-ce que le sacrement de l'onction des malades?
REPONSE: C'est un signe de la compassion de l'Eglise envers les malades graves et les fidèles en fin de vie et un moyen de les soulager et les amener au salut.

ONCTION DES MALADES: Ce sacrement est administré par les prêtres, car accompagné habituellement du sacrement de pénitence et réconciliation et de la communion au corps du Christ. Il est renouvelable.

QUESTION 45 : En dehors des sacrements, quelles aides les chrétiens peuvent-ils attendre en EGLISE ?

REPONSE :

1. **La Parole de Dieu :**

   Dépositaire de la Parole de Dieu et chargée d'enseigner ce qui en découle, l'Eglise se doit de faire connaître la Parole et de la diffuser. Elle doit en faire ressortir les **"commandements" du Christ**, dont l'observance est indispensable pour parvenir au salut (1 Jn 3, 21-24). Grâce au secours de l'Esprit-Saint qui lui a été promis par le Christ, l'Eglise veille à maintenir la pureté de la Foi chrétienne. Elle le fait en proclamant les dogmes, c'est-à-dire les "vérités à croire". Elle maintient aussi la **tradition** reçue des apôtres. Cette tradition n'est pas un conservatisme borné, mais l'application des vérités immuables transmises, à partir des apôtres, **aux circonstances changeantes des époques successives vécues par la chrétienté.**
2. La prière communautaire, venant renforcer la prière individuelle, dont la prière d'adoration/oraison d'intimité avec Dieu.
3. La vie communautaire chrétienne et la participation à la vie de la société humaine en disciple du Christ.
4. L'usage des "sacramentaux" tels que l'eau bénite etc.... dont l'usage exprime la confiance en Dieu de ceux qui les utilisent et non l'idée fausse que ces "sacramentaux puissent avoir, par eux-mêmes des pouvoirs magiques"!
5. Enfin, il ne faut pas oublier la solidarité "spirituelle" efficace entre les chrétiens vivant dans ce monde, ceux qui se purifient encore en purgatoire et ceux qui sont déjà dans la plénitude de bonheur du Royaume.

Cette **"communion des saints"** nous aide efficacement en toutes circonstances et justifie la prière des uns et des autres pour les besoins de ceux qui sont en marche, comme nous, vers le Royaume!

QUESTION 46 : Comment l'ascèse peut-elle être un moyen de progression?
REPONSE : Par définition, l'ascèse est "un ensemble d'exercices conduisant à un **perfectionnement spirituel"** (Larousse). En "négatif", il faut, dans l'ascèse, éviter tout ce qui nuit à l'Amour et, en "positif", pratiquer tout ce qui le favorise.
Dans un autre ordre d'idée, c'est ce que font les athlètes, en vue de leur perfectionnement sportif. Ils s'astreignent à un entraînement, d'une part…et savent se priver, d'autre part. Mais ils ne mettront pas leur santé en danger dans leur entraînement! Sinon, ils ne gagneront pas, en fin de compte. Sur le plan spirituel, c'est pareil! L'ascèse ne doit pas nuire à notre santé ni diminuer nos capacités, mais doit les employer à faire ce qui plait à Dieu. Or, rechercher la douleur pour la douleur, en pensant que la souffrance que nous en ressentons fait plaisir à Dieu, c'est méconnaître que Dieu est Père et veut le bonheur et non le malheur de ses enfants! Toute démarche d'ascèse, c'est-à-dire de privation ou d'effort, effectuée en vue d'un « plus » sur le plan spirituel doit provenir de l'amour et non de la peur!

QUESTION 47 : Pourquoi un certain nombre de "croyants" déclarent-ils qu'ils sont "croyant" mais pas "pratiquant" et se situent de façon très marginale par rapport à l'Eglise?
REPONSE : Les raisons de cela sont multiples ! Tout d'abord, il peut y avoir une **méconnaissance de ce qu'est vraiment l'Eglise.** Ainsi, celle-ci est-t-elle souvent confondue avec son seul clergé : l'Eglise, pour beaucoup, ce sont les "curés", dont on critique les travers (tout en reconnaissant parfois, quand même, leurs qualités) et le "cléricalisme"(c'est-à-dire une sorte de prise de "pouvoir" sur les simples fidèles), voir les dérapages moraux de quelques autres. D'ailleurs, les laïcs pratiquants ne sont pas épargnés non plus par les critiques, dont celle d'hypocrisie, émises par ces mêmes "croyants /non pratiquants »!

En réalité, l'Eglise, c'est l'ensemble des chrétiens, formant le Corps dont le Christ est la tête. Chaque baptisé y a sa place, son rôle, qui est d'abord **un rôle de service**, même si certains ont plus précisément une fonction d'enseignement, de "gouvernance", de guidance et d'accompagnement, toujours dans la perspective du Bien de tous.

Pour réaliser son rôle qui est de répandre la Bonne Nouvelle du Salut, dans toute sa véracité, jusqu'aux extrémités de la terre et de conduire les hommes vers le Royaume, **l'Eglise jouit d'une infaillibilité**.

Cela veut dire qu'elle ne peut "errer" dans l'exercice de cette tâche, même si certains peuvent commettre des erreurs à leur niveau, dans la participation à la tâche de l'Eglise.

Or, cette infaillibilité de l'Eglise est niée par ceux qui lui opposent l'infaillibilité de leur "conscience individuelle" personnelle **érigée en absolu**. Certes, la "conscience individuelle" doit être respectée puisque toute personne humaine doit bénéficier de la "liberté de conscience" dans les choix fondamentaux qui se présentent. Mais ces choix ne doivent pas être biaisés par l'attribution du "label Esprit Saint" à ce qui n'est que convictions échafaudées par ces personnes au niveau de leurs raisonnements personnels et qui ne mérite que le qualificatif de simple conviction!

Dans l'Eglise se manifestent **deux tendances opposées :**

L'une de cohésion, sous l'influence de **l'Esprit Saint** qui intervient directement en l'esprit de chacun par la grâce (cf questions 4 et 5).

L'autre, de **dispersion**, sous l'influence d'une **conscience individuelle qui outrepasse ses droits**. A l'origine de cette déviation, on trouve souvent l'illusion accompagnant une "position de vie faussée".

C'est quand sévit la dispersion que la Foi communautaire de l'Eglise risque de se fragmenter en autant de "croyances" et même d'Eglises qu'il y a d'individus!

Ces constatations expliquent l'engouement actuel de ces courants religieux où chacun se fabrique un "Dieu" à son idée (et une morale personnelle adaptée…,"à géométrie variable").

Il résulte de tout cela, à la fois, certes, un grand "élan religieux", informel, sous l'influence de l'Esprit Saint, mais malheureusement, sous l'action de personnalités "entreprenantes", un fractionnement à l'infini de l'Eglise en "chapelles" plus qu'en Eglises, avec rupture de l'Unité indispensable souhaitée par Jésus pour son Eglise!
Mais, pour que chacun puisse, dans l'Eglise, tenir le rôle auquel Dieu le destine, il faut répondre à ce qu'on appelle la "vocation" chrétienne!

QUESTION 48 : Qu'est-ce que la vocation chrétienne?
REPONSE : C'est un appel personnel de Dieu à chacun, pour accepter l'offre du baptême chrétien et en assumer toutes les conséquences, afin de parvenir au Bonheur du Royaume.
En dépendance de cette "vocation baptismale", Dieu appelle chacun à certains rôles, certains états de vie, tels que sacerdoce, vie religieuse, mariage, célibat consacré, profession déterminée...bref à tout ce qu'il juge bon pour la réalisation totale de son Plan.
C'est Dieu qui appelle, mais l'entourage et l'intéressé lui-même peuvent faciliter ou contrarier la réponse à l'appel de Dieu.
La véracité de toute vocation doit être discernée, comme venant réellement de Dieu, ce qui n'est pas toujours facile.
S'opposer à une vocation venant de Dieu est grave et lourd de conséquences.
Obliger quelqu'un qui n'a pas reçu appel de Dieu à se comporter comme si cet appel était réel alors qu'il procède d'une simple volonté humaine est **une emprise sur la personne**, avec risque de se trouver "en guerre contre Dieu", comme disait Gamaliel (Ac 5, 38-39). Cela pose, dans l'Eglise, le problème de certaines doubles vocations, comme par exemple, au sacerdoce et au mariage chrétien, pour lesquelles la "réglementation" est variable (cf plus haut)!
Les chrétiens ne sont pas les seuls à faire l'objet de multiples vocations : cela concerne tous les hommes!
On trouvera un développement de la question des vocations dans le Tome 2, chap. 8 de "réponses chrétiennes à quelques questions".

QUESTION 49 : Quelle est la destinée finale de tout être humain? Quelles relations devons-nous et pouvons-nous avoir avec les défunts?

REPONSE : Après leur mort, les humains doivent rendre compte du choix concret (et pas seulement théorique) qu'ils ont fait durant leur vie par rapport à l'AMOUR ! C'est ce qu'on appelle **le "jugement particulier".**

Autrement dit, chacun devra prouver qu'il a répondu à l'amour donné par Dieu aux hommes en la personne du Christ, en accueillant lui-même le Christ. Comme nous le rapporte Jean (Jn 6, 28-29), c'est en effet en "croyant en l'envoyé de Dieu, le Christ, qu'on accomplit les œuvres de Dieu". Et Jésus précise, dans le chapitre 25 de Mathieu, à propos du "jugement dernier" de tous les hommes à la fin du monde, que c'est en "accueillant ce petit qui est son frère qu'on accueille concrètement le Christ lui-même" (Mt 25, 40). Il aura donc fallu que notre vie soit un **accueil de l'amour assorti de sa pratique concrète** et pas seulement théorique, pour entrer dans le Royaume de Dieu!

Paul décrit ce même « jugement particulier » dans 2 Cor 5, 10.

Notre vie, dans le Plan de Dieu, est destinée à un apprentissage de l'amour afin que, d'image de Dieu que nous sommes au point de départ, nous arrivions suffisamment à sa ressemblance, en amour.

Alors nous serons capables de vivre dans la communion d'amour existant en Dieu Lui-même entre les trois Personnes de la Trinité.

Autrement dit, à notre mort, après l'apprentissage de la vie, nous passons un « examen », un "jugement" ! Si nous ne sommes pas encore au point, il est prévu une « session de rattrapage » dans un cours spécial appelé **« purgatoire »** où ceux qui ont opté pour l'amour vont parfaire leur capacité d'aimer en vue de la Vie éternelle. Là, ils sont déjà dans la joie d'être aimés et pardonnés par Dieu à un point qu'ils n'avaient pas totalement réalisé, mais aussi dans la souffrance d'avoir autrefois manqué à l'amour, c'est-à-dire d'avoir péché et ainsi d'avoir fait des « dégâts ». La réparation de ces « dégâts », c'est Jésus qui l'a faite par son sacrifice suprême et qui la continue, au fur et à mesure, par cette offrande réitérée de sa passion et de sa mort.

Ceci a lieu au cours de chaque eucharistie, jusqu'à la fin des temps. Mais Jésus nous a demandé d'y participer, nous les vivants, ainsi que les « âmes en purgatoire ».
Nous réalisons cela par notre participation à son **offrande sacrificielle concrétisée lors de l'eucharistie**. Les « âmes en purgatoire » sont alors présentes, avec nous et Jésus lui-même.
Elles participent activement avec nous à cette offrande du Christ à son Père en y apportant leurs joies et leurs souffrances, tout comme nous, dans cette « communion des saints » où interviennent aussi toutes les créatures qui se tiennent déjà en présence de Dieu dans le Royaume. Tout cela est orienté vers le BIEN, vers l'AMOUR!

Quelles relations devons-nous et pouvons-nous avoir avec les défunts?
Nous pouvons et devons entrer en relation avec tous ceux qui sont dans le Royaume ou sont destinés à y entrer. Cette relation, elle se fait dans le « corps du Christ » qui est l'Eglise en ses trois composantes : « triomphante », comportant tous les « saints » parvenus au Royaume, souffrante, comportant ceux qui sont en « purgation » et « militante », faite de toute l'humanité sur la terre.

Par la « communion des saints » s'effectue un perpétuel échange d'amour (et par conséquent d'intercession les uns pour les autres) entre ces trois composantes du « corps du Christ » dont ce dernier est la tête. Le plus intense de cet échange se fait lors de l'eucharistie où tous sont là, autour de Jésus, pour s'offrir avec lui au Père.
Rien de comparable en ce qui concerne ceux qui ont choisi le Mal, autour de leur chef, l'ex-ange de lumière, Satan. Leur désir, c'est le malheur des hommes, sous toutes ses formes et essentiellement par la séparation d'avec Dieu. Cette véritable « communion du Mal » représente pour nous un danger tel que Dieu nous met formellement en garde contre tout contact avec elle.
C'est seulement dans la « communion des saints » que nous devons entrer en relation avec les défunts.

Si, comme nous l'espérons, ceux que nous désirons « contacter » font partie de cette communion, alors, notre « prière » pour eux, qui est l'expression de notre amour et de celui du corps du Christ en son entier est sûre de les rejoindre et de leur faire du bien. De même, nous bénéficions des prières qu'ils font monter vers Dieu pour nous !

Bien entendu, toute relation avec les défunts exige que nous entrions pleinement **dans le pardon envers eux (dans les deux sens!). A plus forte raison, toute démarche directe ou indirecte vis-à-vis des morts, effectuée pour assouvir une rancune envers le mort ou une autre personne, serait extrêmement grave !**

Saint Paul nous dit de n'avoir aucune dette envers personne si ce n'est celle de l'amour !

Or, nous tombons souvent sous l'emprise de certains qui aiment bien « lier sur les épaules des autres des fardeaux »...inutiles ou indus !

Au moment de la mort, le bon sens, l'amitié, l'amour, nous invitent à faire « ce qui est juste », sans ostentation, exagération ni, au contraire, indifférence, en respectant, autant que possible les « dernières volontés » des défunts. Par contre, jamais l'Eglise n'a demandé, par exemple, de s'abstenir de viande pendant quarante jours après le décès d'un parent, ou autres « sacrifices ».

Tous les « interdits » édictés par des personnes désireuses d'exercer un pouvoir sur les autres par la peur, sont abusifs et malsains:

Par exemple l'obligation de porter telle couleur dans le deuil, de ne pas parler autour d'une tombe etc...

Cela rejoint la « peur des âmes » supposées errer après leur mort durant un temps déterminé et portant malheur à qui croiserait leur chemin, surtout après une certaine heure de la journée, sous tel arbre.

On voit ainsi des gens rester chez eux durant tout le mois de Novembre (« mois des morts ») par peur de sortir. Tout cela ne vient pas de Dieu mais de l'Ennemi !

Et nous savons bien que nous sommes « dans la main du Père » et que celui qui est dans la main du Père nul ne pourra l'en retirer ! (Jn 10, 29).

Paul nous l'affirme: "...ni la mort ni la vie, ni les esprits ni les puissances....rien ne pourra nous séparer de l'amour de Dieu qui est en Jésus Christ notre Seigneur (Rm 8, 39)!A travers tout cela, c'est aussi le problème de l'ASCESE qui est soulevé! C'est donc une occasion de définir ce genre de démarche

QUESTION 50: Qu'est-ce que l'ascèse?
REPONSE: Par définition, l'ascèse est "un ensemble d'exercices conduisant à un **perfectionnement spirituel"** (Larousse). En "négatif", il faut, dans l'ascèse, éviter tout ce qui nuit à l'Amour et, en "positif", pratiquer tout ce qui le favorise. Dans un autre ordre d'idée, c'est ce que font les athlètes, en vue de leur perfectionnement sportif. Ils s'astreignent à un entraînement, d'une part...et savent se priver, d'autre part. Mais ils ne mettront pas leur santé en danger dans leur entraînement! Sinon, ils ne gagneront pas, en fin de compte. Sur le plan spirituel, c'est pareil! L'ascèse ne doit pas nuire à notre santé ni diminuer nos capacités, mais doit les employer à faire ce qui plait à Dieu. Or, rechercher la douleur pour la douleur, en pensant que la souffrance que nous en ressentons fait plaisir à Dieu, c'est méconnaître que Dieu est Père et veut le bonheur et non le malheur de ses enfants!
Toute démarche d'ascèse, c'est-à-dire de privation ou d'effort, effectuée en vue d'un « plus » sur le plan spirituel doit provenir de l'amour et non de la peur!

COMPLEMENTS A CERTAINES REPONSES

AUX REPONSES DE LA PREMIERE PARTIE

COMPLEMENT A REPONSE 4 SUR L'AME CORPORELLE ET SUR L'ESPRIT

LE CONTENU DE L'AME CORPORELLE :

Les sensations et les "sentiments réflexes"

Nos sensations ont leur origine au niveau de nos sens, donc de notre corps. Elles sont "traitées" par notre ordinateur cérébral et ressenties au niveau de notre âme corporelle. Ce sont, par exemple, les sensations de chaud, de froid, sécheresse, humidité...la sensation de bien-être ou de mal-être physiques. L'âme corporelle est aussi le lieu de la **douleur**.

Certains **sentiments**, proches des sensations, habitent l'âme corporelle, tels le "sentiment amoureux /attirance physique", le sentiment de sécurité, le sentiment de danger, d'insécurité, la "peur physique", la "répulsion physique". Ils surviennent involontairement, de façon quasi "reflexe". Nous les "subissons" sans les avoir choisis!

Nos convictions: Elles sont le résultat final de ce travail préalable de notre ordinateur cérébral qui débouche sur la pensée par la "raison"! A l'ordinateur cérébral parviennent les données reçues depuis nos récepteurs d'incitations extérieures et intérieures.

Le traitement de ces données fournit des résultats magnifiques de précision. Certains de ces éléments sont de suite utilisés pour induire d'autres travaux de l'ordinateur cérébral, certains sont stockés, d'autres détermineront des comportements immédiats ou retardés.... **En fin de course,** certaines conclusions du travail de l'ordinateur cérébral se présentent à nous sous la forme de "**convictions**", grâce au travail final de la pensée, contrôlée par l'intervention de la raison.

Notre âme corporelle les accueille et les héberge comme des "vérités", c'est-à-dire des éléments de **la réalité**. Ces "vérités" ont un **statut de haute probabilité...mais pas de certitude**.

Pour comprendre ce qu'est une conviction, on peut évoquer l'histoire dramatique du vol Rio/Paris (et de bien d'autres, hélas). Les travaux conjoints des ordinateurs réglant le vol, offraient une haute probabilité de voyage sans histoire, qui s'est malheureusement terminé par la catastrophe que nous connaissons.

Pour avoir des **certitudes** concernant le monde matériel, il faudrait que la connaissance que nous avons de celui-ci **soit totale**. La connaissance que nous avons de la matière bute sur la notion même de dimension de celle-ci, que notre intelligence ne peut maîtriser. Nous ne pouvons même pas "concevoir" l'infini matériel, ni l'infiniment grand ni l'infiniment petit! Il nous faut bien constater, d'ailleurs, que **plus les connaissances de l'humanité augmentent et plus se multiplient les questions irrésolues**!

Dans la pratique de la vie quotidienne, cependant, la haute probabilité de fiabilité de beaucoup de découvertes scientifiques humaines permet de se débrouiller malgré les risques d'erreur. **En fait,** nous n'aurons jamais de **certitude dans la partie "matière" de notre Personne.**

Le doute planera toujours sur la véracité absolue des connaissances fournies par le travail de notre ordinateur cérébral et notre âme corporelle n'hébergera jamais que des **convictions!**

Ce qui, dans la Personne humaine, ne procède que de la matière ne peut que mener à une impasse dans la recherche de l'entière réalité/vérité!

Rôle déterminant de la certitude d'exister pour prouver l'existence de l'esprit;

Cette certitude d'exister est primordiale, essentielle, communicable aux autres humains, elle **précède** la question « qui suis-je ?» de tout homme ! Les matérialistes, à la suite de Descartes, font reposer cette certitude d'exister sur l'affirmation **« je pense, donc je suis** !.... ». Ils lient la certitude d'exister à la pensée, à la raison, c'est-à-dire à « l'ordinateur cérébral » matériel auquel est associée « l'âme corporelle ».

C'est une erreur, car, en disant « je », ils ne se sont pas aperçu qu'ils affirmaient déjà, par là, leur certitude d'exister comme **antérieure à toute pensée**, à tout "raisonnement" de l'ordinateur cérébral. Descartes aurait du dire :"je suis, donc je pense…j'existe avant de penser"!

Donc, la certitude d'exister, puisqu'elle est indépendante de la « matière » et précédant toute pensée, provient forcément de cette réalité autre que la matière et que l'on nomme « esprit »! Sans esprit, pas de certitude d'exister! Nier l'esprit de l'homme est tout simplement absurde!

Toute Personne humaine est certaine de son "je suis". Elle est donc, par là même l'image de Dieu qui, devant Moïse au buisson ardent s'est défini par "Je suis" (Ex 3, 14). Cela nous confirme que nous, les humains, avons bien été créés comme "images de Dieu"(Gn 1, 27).

COMPLEMENT A LA REPONSE 7 SUR LA LIBERTE

La LIBERTE est la capacité, **pour chaque personne humaine**, de choisir :

D'abord de choisir le « SENS » qu'elle veut donner à sa vie. C'est cela **le « choix fondamental »,** duquel découleront, logiquement, les choix venant secondairement. Ce choix fondamental est à faire **entre l'Amour ou son refus**, c'est-à-dire entre l'ouverture ou la fermeture:

- à l'AUTRE (son Créateur)
- aux autres (les diverses catégories de « prochain »)
- à soi-même, qu'il est nécessaire d'aimer si on veut aimer les autres (de toutes catégories) !

C'est aussi la capacité de choisir quelle vérité on veut servir:

- la Vérité selon le Christ
- ou la vérité selon Pilate (cf Jn 18, 37-38 et chap. 2 du Tome 4).

C’est également la capacité de choisir, dans le courant de la vie, entre la satisfaction des différents désirs qui se présentent ou le renoncement à ces désirs.

La liberté s'exerce à deux niveaux, selon l’importance du choix qui est en jeu. Au niveau de l'esprit et de l'âme spirituelle, donc du secteur "spirituel" de la personne, **pour les choix les plus fondamentaux**, (comme, par exemple, le choix de l’état de vie).

Mais par contre, au niveau du corps et de l'âme corporelle, donc de la partie "matière " de la personne, pour d’autres choix, d’importance moindre (comme, par exemple celui de ce que je choisis pour mon repas).

Les matérialistes, puisqu’ils ne croient pas en l’existence de l’esprit, estiment que les humains ne sont pas "libres", mais qu'ils sont formatés par la "matière" et qu'ils agissent en fonction des **impératifs** de leurs hormones, de leurs réflexes, de leur vie en société, des contingences économiques, voir des oppositions "de classes"...etc., Ces impératifs déterminent une sorte de carcan rendant la liberté illusoire...voir « dangereuse » au regard de certains systèmes de pensée qui ont donc tendance à priver les autres personnes de leur liberté, comme on peut souvent le constater!

C'est une des conséquences logiques de certaines idéologies matérialistes telles que le marxisme ou le nazisme !

Les spiritualistes, au contraire, estiment que les personnes humaines, malgré les limitations naturelles qu'elles subissent au niveau du secteur "matériel" de leur personne, détiennent, au niveau de leur secteur "spirituel" une LIBERTE qui contribue à la DIGNITE intrinsèque qu'ils ont en eux-mêmes et qui les distingue entre autres, des "animaux supérieurs"! Nous sommes des êtres humains libres et non des "animaux supérieurs téléguidés", même si les choix fondamentaux que nous faisons au niveau de notre esprit ne sont pas toujours concrétisés au niveau de notre âme et de notre corps.

C'est ainsi que, par exemple, certains spiritualistes peuvent, hélas, se livrer à des actes qui contredisent leur option de principe pour l'Amour, pour la tolérance et pour la liberté!

Quel est le lien entre Vérité et Liberté? Il y a, à ce sujet, de fréquents malentendus, car les uns et les autres ne parlent pas de la même "vérité"! Le dialogue entre Jésus et Pilate, évoqué plus haut, (Jn 18, 37-38) en est l'illustration. Jésus déclare qu'il est venu dans le monde pour rendre témoignage à la Vérité. Cette Vérité, c'est l'Essence même de ce qui EST, c'est-à-dire de ce "Je suis" qu'est Dieu lui-même en son Unité Trine…Autrement dit, il s'agit de l'AMOUR qui relie les Trois personnes divines. Et Jésus explique à Pilate que quiconque adhère à cette Vérité, donc à l'AMOUR, adhère à lui, Jésus!
Mais pour Pilate, la vérité, c'est le résultat du travail de son cerveau, qui débouche sur des convictions, mais sur aucune certitude, d'où son affirmation désabusée qu'il est impossible de connaître la vérité ! Jésus est vraiment libre et Pilate ne l'est pas !

LIBERTE DE L'HOMME ET CHOIX FONDAMENTAL

On a vu l'importance du choix fondamental de chaque personne humaine vers l'ouverture ou la fermeture vis-à-vis de « l'autre », dans ses trois représentations (l'Autre/Dieu, les autres/le prochain, l'autre qui est en moi !). Il s'agit d'ouverture vers l'Amour ou de fermeture/refus d'Amour.
Il est donc capital de comprendre ce **qui est à l'origine du choix fondamental dans un sens ou dans l'autre** et va donc déterminer au bout du compte, le « sens à la vie » et la « position de vie » de chacun, laquelle détermine la qualité de relation avec les « autres », quel qu'ils soient, dans le concret de la vie !
Le chapitre 3 de la Genèse nous explique ce qui est en cause : **C'est le pouvoir de déterminer ce qui est le Bien et ce qui est le Mal !**
Ce pouvoir de détermination est figuré par le droit de manger le fruit de l'arbre. La disposition de ce fruit est réservée au Créateur par ce que Celui-ci est la Source du Bien (réalisée par la relation d'Amour entre les Personnes de la Trinité divine du Dieu Unique). Toute créature possédant la Liberté ne peut, avec son statut de créature, que reconnaître comme « Bien » ce qui est, de toute éternité, la **caractéristique du Créateur, à savoir la relation divine trinitaire d'Amour**.

Prétendre situer ailleurs le Bien c'est, automatiquement voler au Créateur sa Divinité, ce que suggérait le mensonge de Satan fait à Adam et Eve : « si vous mangez le fruit de l'arbre de la détermination du Bien et du Mal …vous serez comme des dieux, possédant la connaissance du Bien et du Mal » (Gn 3).. Autrement dit « vous deviendrez votre propre dieu » !
On retrouve la revendication de pouvoir déterminer le Bien et le Mal, dans la réaction de ceux qui ne supportent pas que quiconque puisse classer ce qu'ils sont et font dans la catégorie Bien ou Mal : c'est à eux seuls, disent-t-ils, qu'appartient ce pouvoir ! Cette prétention est illusoire !

CONCRETISATION DE NOS CHOIX LIBRES

(Cf le tome 1, chap 3, à partir de la page 16, de la série « Réponses chrétiennes à quelques questions »).
Nous venons de voir comment, grâce à notre **LIBERTE**, s'effectuent nos choix profonds, au niveau de notre esprit. L'étape suivante est la concrétisation de ces choix, par notre effort **volontaire** pour faire franchir en nous, les étapes successives **menant à la réalisation du choix dans le concret de notre vie**.
Les étapes à franchir, à partir de notre esprit, sont l'âme spirituelle, l'âme corporelle et le corps, dont le cerveau. A chaque étape diverses influences vont se produire, venant de ces structures et pouvant modifier et voir même empêcher, la concrétisation du choix initialement fait au niveau de l'esprit.
Ainsi, des sentiments profonds, comme par exemple une rancune tenace, se manifestant au niveau de l'âme spirituelle, peuvent modifier un choix en cours de concrétisation, lors de son passage à ce niveau de la personne. Plus loin, au niveau de l'âme corporelle, il en est de même. Enfin, au niveau du corps et particulièrement du cerveau, vont agir éventuellement des atteintes d'origine variée (séquelles d'AVC, encéphalites, substances toxiques etc…), **qui peuvent influencer, voir bloquer, la concrétisation du choix**.

Bref, bien que nous soyons libres de « choisir » au niveau de notre esprit, la réalisation concrète de nos choix peut être modifiée, voir bloquée au cours du « cheminement » de ce choix dans notre personne en vue de sa concrétisation.

C'est ainsi que certaines personnes sont incapables de concrétiser leurs choix volontaires.

Elles présentent des troubles témoignant de l'atteinte d'une des structures traversées par le message de « concrétisation » du choix, émis au niveau de l'esprit.

Ces troubles peuvent évoquer ceux présentés dans certaines maladies connues, telles que maladie de Parkinson, chorée de Hutington, épilepsie sous diverses formes ...etc.

C'est cette similitude qui, avait frappé un neurologue, dans les années 60 du siècle dernier, Oliver Sachs et provoqué ses essais thérapeutiques mentionnés dans son livre « Awakenings » en 1973 (« L'eveil » en version française), puis dans le film « L'eveil » en 1991. Oliver Sacks, était chargé de patients catalogués comme « légumes », car incapables de relation avec l'entourage et ne pouvant accomplir eux-mêmes leurs besoins élémentaires. Ceci par **blocage complet de concrétisation de leur propre volonté** ...(mais possibilité de réalisation « réflexe » éventuelle de la volonté des autres!).

Ceci à la suite d'encéphalite léthargique survenue bien des années auparavant. Le neurologue, frappé par la similitude des troubles de ces malades avec ceux du Parkinson, eut l'idée de les traiter avec la L DOPA utilisée alors dans la « maladie de Parkinson ».

Le changement de ces malades a été spectaculaire, en particulier en ce qui concerne la catatonie et **aussi la rupture totale de relation avec l'entourage.** De nombreux malades se sont ainsi littéralement « éveillés » après une « coupure relationnelle totale» de jusqu'à une cinquantaine d'années, suite à une encéphalite léthargique (années 1916 et suivantes).

Il y avait donc bien, chez ces patients, un **obstacle à l'expression de tout choix personnel volontaire émis par leur esprit.** Cet obstacle siégeait « en aval de l'esprit » et se situait au niveau du cerveau, suite à l'affection encéphalitique connue.

Il était donc possible de lever, au moins partiellement, un obstacle à la concrétisation de la volonté, au niveau cérébral. Mais sur le trajet menant de l'esprit aux effecteurs terminaux de cette volonté, il a pu être démontré que l'étape représentée par l'« âme spirituelle » pouvait également jouer un rôle modificateur par le biais des « sentiments profonds » tels que l'Amour, existant à ce niveau. En effet, Sacks put constater qu'un patient atteint de sérieux troubles catatoniques dans le cadre des réactions à son traitement et à une contrariété profonde subie par lui, voyait sa catatonie disparaître complètement quand la femme dont il était amoureux dansait avec lui ! Cela confirmait bien que **le circuit parcouru**, pour sa concrétisation, par **le choix volontaire d'action de ce patient**, comportait le passage par son « âme spirituelle » avant d'atteindre le cerveau où tout message envoyé par la volonté subissait une influence **différente**, provenant, elle, des séquelles de l'encéphalite léthargique…et, sans doute aussi, des inconvénients « secondaires » du traitement par la L Dopa!

Ces découvertes débouchent, on le voit, sur la confirmation du rôle joué par les différentes étapes du circuit suivi par le « choix volontaire » à partir de l'esprit. Elles confirment le rôle de l'âme « spirituelle » celui de l'âme et « corporelle » et, enfin, celui du cerveau dans ce parcours de concrétisation décidé au niveau de l'esprit. Ce choix volontaire est influencé, au positif comme au négatif (et jusqu'au blocage ou levée de ce dernier) lors du passage, par tout ce qu'il rencontre dans ce circuit et donc par les « sentiments profonds », les sensations, les lésions cérébrales, les médicaments ou tout autre facteur présent, agissant sur le fonctionnement cérébral !

Mais les expérimentations de Sacks, débouchent également sur **une nouvelle conception du « temps » concernant la personne humaine.** Toutes ces personnes étudiées par Sacks, qui se sont « éveillées » après des années, voir des décennies de rupture relationnelle avec la réalité, ont retrouvé rapidement leur capacité relationnelle, **comme si le temps s'était simplement « suspendu »!**

La valeur absolue que nous sommes habitués à accorder au temps s'en trouve ébranlée et **nous interpelle sur la notion d'éternité, qui s'avère aussi incompatible avec la « raison de l'homme » que l'est la notion d'infini (comme il a été démontré dans le tome 4 chapitre 1 de la série « Réponses chrétiennes… »). Cela montre bien l'insuffisance de la seule raison pour notre connaissance de « la Vérité toute entière ».** L'infini et l'éternité existent bel et bien, quoique non démontrables par la seule raison ni accessibles à cette dernière ! Ils nous donnent rendez-vous au niveau de notre esprit, car c'est là que nous recevons toute certitude !

Ce qui est à retenir de toute cette affaire, c'est le champ immense d'investigation qui s'offre à l'esprit humain dans le domaine de ses connexions avec la « matière » ! Mais aussi**, une nouvelle vision à avoir de ces êtres humains catalogués un peu vite comme « légumes » !**

COMPLEMENT A LA REPONSE 9

LE CHEMINEMENT DES DESIRS

Le lieu de prédilection pour la formation des désirs est certainement notre inconscient, du fait de la capacité d'agrégation, entre eux, des éléments de notre passé qui y sont stockés.

Quand un désir se forme dans notre inconscient, il tend à franchir le **surmoi** pour arriver au conscient et se faire réaliser. S'il est en contradiction avec les principes contenus dans le surmoi, ce dernier lui fermera l'accès du conscient. Je n'aurai alors même pas conscience d'avoir eu ce désir.

Parfois, la force qui sous-tend le désir est telle que celui-ci peut alors vaincre l'opposition du surmoi et venir au conscient. C'est le cas d'une **"pulsion irrésistible"**, comme, par exemple, celle du kleptomane qui est submergé par le désir de voler. Dans les cas habituels, le désir, autorisé par le surmoi à venir dans le conscient y est analysé par la **"conscience morale" qui examine sa compatibilité ou son incompatibilité avec l'Amour,** autrement dit, sa conformité au Bien ou au Mal.

La **volonté** intervient alors, librement, pour choisir de satisfaire ou non le désir. S'il est conforme au Bien, je puis le satisfaire.
S'il relève du Mal, je dois le renvoyer dans la cave, en **pleine connaissance de cause,** ce qui a pour effet de lui retirer suffisamment d'énergie pour qu'il s'y tienne tranquille, au moins un certain temps. Si, par contre, sachant que ce désir relève du Mal, je le satisfais quand même, je suis en **refus d'Amour**, c'est-à-dire dans le **péché!**
Mais il peut aussi se faire que l'apparition d'un désir dans mon conscient, après franchissement du surmoi, me surprend et que je refuse de reconnaître un tel désir comme venant de moi.
Si j'en suis choqué au point de le renvoyer dans la cave comme un "corps étranger" dont je n'ai rien à faire, cela s'appelle un **"refoulement".** Le fait même de n'avoir pas voulu analyser ce désir sous prétexte qu'il n'est pas de moi, va lui garder toute son énergie.
Une fois refoulé dans la cave, il se comportera comme un rat piégé dans celle-ci. Il n'aura alors pas d'autre solution que de sortir en creusant un tunnel qui lui permette de déboucher dans un endroit discret du conscient. De plus, il se déguisera...en chat, pour mieux se faire admettre par le conscient. Autrement dit il va se présenter à mon conscient sous forme de la simulation inconsciente **d'une autre identité** que la sienne, ce qui est le propre de **l'HYSTERIE, qui est une "simulation inconsciente".**
(On pourra trouver des exemples de ce phénomène, beaucoup plus fréquent qu'on le pense, dans le tome 1 de la série "Réponses chrétiennes à quelques questions", au chapitre 11). Le refoulement nous guette en permanence et il a des conséquences désastreuses car il est basé sur un "mensonge...par omission"!

COMPLEMENT A LA REPONSE 11:
CAUSES D'ALTERATION DE LA CONSCIENCE MORALE

Il y a plusieurs causes d'altération de la conscience morale, entraînant alors une impossibilité pour elle de remplir vraiment son rôle! Ce sont :

<u>Une "position de vie faussée : cf schéma 6</u>

NOTRE POSITION DE VIE

C'est ce qui va régler notre relation :

- à Dieu
- au prochain
- à nous-même

Et cela d'abord en fonction du « regard » que nous prêtons à Dieu sur nous : comment Dieu me voit-t-il ?

Nous pouvons trouver la réponse dans la Parole de Dieu et comprendre alors que Dieu nous voit comme une **Merveille** de sa réalisation, de par toutes les capacités dont il nous a dotés et, en premier, celle de l'AMOUR ! Mais, en même temps, il connaît nos faiblesses qui vont parfois jusqu'au refus de l'Amour, c'est-à-dire au péché. Cependant, nos faiblesses ne pourront jamais, grâce à la Miséricorde, de la part de Dieu et au repentir, de notre part, nous retirer notre caractère de Merveille. Au contraire, **la justesse de notre Position de vie** nous évite de tomber dans **deux erreurs de « position de vie » que sont une « position de victime » ou une position de « sauveteur » !**

Le « sauveteur », pour se rassurer sur sa valeur, veut provoquer envers lui l'amour des autres en les « sauvant ».

Cela, soit sur le mode <u>« charitable »</u> en ne leur refusant rien (même si leur désir est illégitime), soit sur le mode <u>« dictatorial »,</u> en obligeant l'autre (le prochain) à faire ce qu'on lui impose… soi disant pour « son bien ». En faisant cela, le « sauveteur » peut s'imaginer aimer son prochain en lui apportant le Bonheur (premier volet de l'Amour). Mais en réalité, il cherche son Bonheur à lui et pas vraiment celui de l'autre.

Le « victimal » est, soit <u>revendicateur</u>, réclamant réparation de tous les maux dont il s'estime victime de la part de tous l'autre ou de « l'Autre », et il ne compte que sur lui pour son Bonheur.

Soit il se présente comme déprimé par la discordance entre son énorme quête d'Amour et l'indifférence ou l'adversité qu'il récolte, **à son avis**, de la part de tous ! Il ne peut pas vivre le deuxième « volet de l'Amour » car il ne consent pas à prendre le « risque de l'Amour » vis-à-vis des autres (le prochain) ou de l'Autre (Dieu) aux quels il ne fait pas confiance : il s'est fermé à l'Amour et ne compte que sur lui pour son Bonheur!
Il ne voit pas le risque de l'Amour accepté par son prochain,
ni celui accepté par Dieu en la personne du Seigneur Jésus en vue du Salut !

Ces deux erreurs de « Position de vie » faussent les relations et le discernement du Bien et du Mal !

La participation à un péché de structure :

Il s'agit, en général, d'un péché commis antérieurement par d'autres que nous, dont nous ne sommes pas responsables, mais dont les conséquences, au niveau du sens moral, se font sentir à l'époque où nous vivons, dans le milieu et la structure, qui sont les nôtres.

Dans ce cas, la conscience morale collective d'une nation, d'un milieu, est faussée et ne permet plus un discernement normal du Bien et du Mal. Ainsi, l'institution de l'esclavage, la banalisation de l'avortement, reflètent des "péchés de structure" faussant facilement et parfois sans que l'on s'en doute, le discernement du Bien et du Mal.

On trouvera les développements sur le "péché de structure" dans le chapitre 4 page 30 et chapitre 11, page 64 du Tome 1 de "Réponses chrétiennes…".

La complicité avec le Mal :

Comme on l'a vu à propos de la colère, si nous choisissons la "justice des hommes" au lieu de la "justice de Dieu", (Mt 5, 20), nous devenons otages du Mal.
Notre conscience morale, dès lors faussée, ne nous permettra plus d'avoir un discernement conforme au Bien! Nous sommes alors dans les ténèbres!

COMPLEMENTS A LA DEUXIEME PARTIE

COMPLEMENT REPONSE 14 SUR LE COMMENT DE LA CREATION

Différentes théories sur le comment de la Création:

Théorie de l'INFORMATION, selon laquelle Dieu interviendrait sans cesse dans sa création par des "informations" en vue d'y accomplir son Plan. Cet abord du "comment" constate que l'univers a une histoire. Les éléments de cet univers, tel le soleil, ont une fin prévisible.

Ils vieillissent de manière irréversible depuis leur commencement. Et en même temps, on constate la complexité croissante de cet univers par l'augmentation incessante de « l'information ». La création serait constante, en un "double mouvement". En effet, par son intelligence, l'homme est en mesure de comprendre que l'univers a eu un commencement et que cette « création » n'est pas seulement une chiquenaude initiale, coïncidant avec un big-bang.

Elle est « information continue », communication d'information nouvelle. **dans le cadre d'une certaine finalité**. La notion de création continue est donc accessible à l'intelligence humaine et compatible avec les données de la science.

On peut citer **d'autres théories,** telles que le fixisme, celle de l'émergence et même le « positivisme absolu » qui ignore malheureusement tout ce qui existe au delà de son présupposé. Quoi qu'il en soit, il s'agit là du "comment", alors que nous importe surtout le "pour quoi?" de la création. C'est la religion qui nous parle de cette dernière question.

COMPLEMENT A LA REPONSE 16 : DIEU est AMOUR

Explication complémentaire du schema n°4 (Source de notre amour)

En raison de notre LIBERTE, **nous pouvons refuser l'offre de Dieu et fermer la vanne principale, en comptant alimenter notre vase uniquement par les autres canaux**. Dans ce cas, même si nous désirons utiliser seulement des canaux drainant du Bien, nous savons bien que notre nature comporte "deux hommes", qui s'affrontent en nous, comme nous le dit Paul, et le contenu de notre vase s'en ressentira, car, coupés de la Source de l'Amour, nous ne pouvons remplir vraiment notre vase de cet Amour. Même si nous voulons construire une vie de couple, **il y aura alors opposition entre notre amour de couple et l'amour pour Dieu** et nous serons dans l'illusion de pouvoir atteindre l'Amour sans être alimenté par la Source.

La fermeture de la vanne principale peut n'être qu'intermittente : c'est le cas des couples **qui vivent en parallèle leur amour conjugal et l'amour pour Dieu**, de sorte qu'ils n'y a aucun lien entre ces deux amours : quand on est dans l'un, on n'est plus dans l'autre, si bien que la vie de couple ne peut être alimentée par l'Amour de Dieu et s'affaiblit au fur et à mesure!

D'autres personnes, souvent par déception dans leur vie de couple, ferment la vanne de leur génitalité et même de leur sexualité...pour ne plus "souffrir "du manque qu'inconsciemment ils éprouvent. Ils déclarent souvent ne "plus croire en l'amour" et veulent "fermer la porte de leur cœur.".

En sens contraire, certains croient pouvoir se rattraper en ouvrant à plein la vanne principale, pensant être devenus des "anges" insensibles à leur sexualité et encore plus à leur génitalité!

Cette erreur, se termine mal en général, soit que leur génitalité et sexualité, bridée au niveau de leur conscient, va se manifester sous une forme "hystérique", comme le rat déguisé en chat...ou en jaguar!

Les dégâts seront alors au rendez-vous!

Par contre, si on utilise **la sublimation véritable (cf complément à la réponse 36 sur la sexualité)** et non plus le "refoulement", on pourra gérer les difficultés de la sexualité, y compris celles de la génitalité!

Malheureusement, certains, qui ont fermé imprudemment la vanne principale, croient régler leur problématique en faisant entrer à plein des pratiques telles que porno et masturbation compulsive. **Le « porno » entraîne une emprise du regardant sur le regardé.** Il est donc totalement contraire **au volet DON de l'Amour. La masturbation compulsive révèle un refus d'acceptation de cette interdépendance nécessaire pour le volet « Accueil » de l'Amour.** Dans tout cela, l'Amour est donc en danger !

La gestion heureuse de notre sexualité, c'est-à-dire sa conformité au double but qui lui est assigné par Dieu,(nous faire grandir en Amour et nous rendre co-créateurs), passe par sa **maîtrise**. L'homme n'est pas le jouet de sa sexualité, mais il a la capacité d'en faire l'instrument de sa progression dans l'Amour et la co-création.

Cette maîtrise de notre sexualité demande prudence, humilité et confiance en Dieu. **Elle se construit**, favorisée par l'option, de principe, du renoncement à satisfaire systématiquement et immédiatement nos moindres désirs, ainsi que par un juste discernement de nos désirs (cf "le cheminement des désirs", dans le complément à la réponse n° 9 et dans le Tome 1, chap. 11 de "Réponses chrétiennes…").

COMPLEMENT A LA REPONSE 18: NOTRE RELATION A DIEU

DIFFERENTS TYPES DE RELATION AU DIVIN

L'expression de cette relation fondamentale à Dieu varie selon que nous sommes dans **la religiosité, la croyance ou la foi! Cf Schema 5**

1. Si nous sommes dans la "**religiosité",** notre relation à Dieu comporte une forte participation corporelle à travers nos différents sens. Il y a beaucoup d'extériorisation des sentiments, de façon souvent bruyante. La participation intellectuelle à cette relation reste plutôt secondaire.

Quant aux manifestations d'amour, elles versent surtout dans la sentimentalité plus que dans l'amour qui est alors plutôt du type éros ou philos.

Par contre, il n'y a pas de relation vraiment confiante au niveau de l'esprit susceptible d'arriver à une relation d'amour profond. Il y a donc un certain flou dans la relation à Dieu, empêchant d'adhérer pleinement à une religion déterminée!

2. Si nous sommes dans la **"croyance"**, notre relation à Dieu passe surtout par notre ordinateur cérébral et les déductions de notre intelligence. Nous admettons les "preuves raisonnables de l'existence de Dieu", mais nous avons difficulté à admettre de ne pas tout comprendre et de devoir faire confiance à Dieu pour ce que nous ne pouvons démontrer comme véridique selon notre raison. Nous nous méfions même de tout ce qui parvient de nos sens, de tout ce que ressent notre corps et que nous avons du mal à soumettre au "raisonnable". L'expression de notre relation à Dieu se fait discrète, surtout non ou peu démonstrative. Il y a une certaine retenue dans l'affirmation de notre adhésion religieuse. La confiance, dans notre relation à Dieu, est moins "d'amour" que de "raison", ce qui rend notre esprit moins disponible pour "ouvrir à Celui qui frappe à notre porte" (Ap 3, 20). La grâce risque de devoir attendre !
3. Si nous sommes dans la "**foi**", c'est-à-dire dans une croyance transformée par une confiance d'Amour en Dieu, cela signifie que nous sommes disponibles pour recevoir de l'Esprit de Dieu, dans notre esprit, la Vérité qu'il nous insuffle directement, sans avoir recours à notre ordinateur cérébral. Cette Vérité, c'est que Dieu est Amour et que nous pouvons l'appeler "Abba" (Rm 8, 15-16). Alors s'ouvre à nous le chemin de l'Amour agapé, qui conduit au BONHEUR par cette relation d'Amour. L'ouverture à la "foi", menant à cette relation à Dieu suppose, on l'a vu, le choix, de principe, d'accepter l'offre fondamentale de Dieu d'obtenir notre BONHEUR par l'Amour.

Choix également de rejeter l'offre de Satan d'obtenir notre bonheur par le Mal, **dans le repli et la fermeture sur nous même et en rejetant l'Amour!** La relation à Dieu dans la Foi naît donc au niveau de **notre esprit** car c'est à ce niveau que se fait le choix fondamental. Mais son retentissement va produire, au niveau de **l'âme spirituelle** toutes ces attitudes procédant de l'Amour et que Paul décrit dans Eph 5, 8-20 : Bonté, justice, vérité ! L'influence de la relation d'Amour à Dieu va aussi se manifester **au niveau du corps et de l'âme corporelle**, de façon sensible pour l'intéressé lui-même et...pour l'entourage! cf Explication détaillée dans chapitre 9 du T1 de "Réponses chrétiennes à quelques questions").

LA PIETE comme indicateur de notre relation à Dieu

Pour mettre en lumière la relation de chacun au Divin, la piété pratiquée est déjà un indicateur : Certaines pratiques sont, par elles-mêmes, significatives d'un type bien déterminé de relation au Divin. Ainsi, par exemple, la pratique de la magie, sous n'importe quelle forme, dénote une négation, de fait, de la Toute Puissance de Dieu, incompatible avec l'appartenance au Christ! **Par contre, d'autres pratiques, elles sont ambiguës** : ainsi, le large emploi des "sacramentaux"(eau bénite, sel béni....etc.) peut relever d'une expression "populaire" de confiance en Dieu, tout à fait respectable.....ou, par contre, d'un désir "d'obliger Dieu" à agir dans un certain sens....ce qui relèverait de la "magie". On se trouve là devant des gestes et pratiques dont la signification profonde et, donc la légitimité sur le plan chrétien, ne sont pas toujours évidents et sont alors **à discerner attentivement!** Dans telle assemblée de prière, les responsables auront pu, **dans la foi,** susciter une ambiance de piété correspondant à cette foi qu'ils s'efforcent de traduire dans leur adoration et dans tous leurs actes. Par contre**, certains participants** qui sont, eux, dans une "religiosité" à composante essentiellement psychoaffective, pourront présenter des "manifestations" mal interprétées. Ainsi, quand les manifestations hystériques notoires sont interprétées abusivement comme des cas de « possession » et traitées par des vociférations avec interpellation d'esprits divers, il y a un risque de « dérapage » ! Cela demande un bon discernement.

COMPLEMENTS A LA TROISIEME PARTIE

COMPLEMENT A LA REPONSE 22 sur le Projet de Dieu

Ce sont les explications du schéma3

SCHEMA 3 : La Trinité divine est figurée sur un cercle, car, sur un cercle, les différents points ne sont ni devant ni derrière les autres! Dans ce cercle, un triangle relie Père, Fils, Esprit, exprimant la Trinité divine. On figure la création de l'humanité par un trait sortant du "cercle divin" et aboutissant à un I figurant **"l'image de Dieu"** qu'est tout homme.(On explique alors ce que signifie le fait d'être image de Dieu (Gn 1, 27) : c'est en premier, d'avoir ce **Besoin/Désir fondamental d'être aimé et d'aimer…**à l'infini, qui est en nous).

(NB les autres caractéristiques de l'"image de Dieu" que nous sommes, sont traitées au chapitre 2 du Tome 1 de "Réponses chrétiennes…").

La chute est figurée par un trait vertical vers le bas et la Rédemption par une courbe partant d'un point de ce trait et rejoignant le trajet de I à **R (la Ressemblance).** Ce dernier trajet est celui de notre vie, laquelle est un apprentissage d'Amour, avec croissance en Amour jusqu'à ressembler en cela à Dieu au point de pouvoir, en ayant gagné alors notre "C.A.P. d'Amour", retourner vers le cercle de la Trinité pour participer à la Vie même de Dieu, au Bonheur par l'Amour, en plénitude, dans le Royaume de Dieu! Cet accomplissement final de notre vie est figuré par une flèche partant de R et regagnant le cercle, avec, toutefois, une vraisemblable attente de "perfectionnement en Amour" (purgatoire) avant d'entrer de plein pied dans le cercle (du Royaume de Dieu!). Au cours du trajet de I à R, après la concrétisation du Salut dans notre vie, marquée normalement par le baptême, on notera des écarts plus ou moins marqués de part et d'autre de la ligne droite et figurant les écarts du péché. Malgré ceux-ci et grâce à la miséricorde de Dieu, le but final de R sera atteint. Puis, de R, un autre trait regagnera le "cercle de Dieu".

Seul Dieu pouvait pardonner le péché de l'humanité, mais seul un homme pouvait porter solidairement avec tous, le poids de tous les péchés.

C'est pourquoi le Christ Jésus est à la fois pleinement Dieu, en tant que Verbe, Fils du Père et aussi pleinement homme, engendré de la vierge Marie par le Saint Esprit!

COMPLEMENT A LA REPONSE 25 SUR LA COLERE

LES DEUX PORTES DE SORTIE DE LA COLERE

Pour éliminer l'injustice, qui a provoqué notre colère et sortir de celle-ci, nous voyons bien qu'il nous faut mettre en œuvre, l'opposé de cette injustice, c'est-à-dire la JUSTICE .

C'est alors que s'offrent à nous deux « portes de sortie » prétendant au qualificatif de « **pratique de la justice** ». Mais la "justice" en question diffère totalement selon la "porte" que nous choisissons. L'une est bonne, l'autre mauvaise.

La mauvaise porte

C'est la plus fréquentée, celle que dénonce Jésus en Mt 5, 20:

"Si votre justice ne dépasse pas celle des pharisiens, vous n'entrerez pas dans le Royaume de Dieu"! Cette justice des pharisiens, c'est le fameux "œil pour œil, dent pour dent", contenant en germe haine et violence! Or, si nous restons dans la rancune vis-à-vis de ceux qui nous ont rabaissés et qui, par là, ont développé notre sentiment d'indignité, nous nous enfonçons dans ce sentiment et nous faisons fausse route. En effet, nous cherchons alors à trouver des compensations au manque d'amour que nous ressentons ! Et pour cela :

- Soit nous nous précipitons sur **les convoitises** en tous genres…qui ne nous apporteront que désillusion!
- **Soit nous fermons notre cœur** "pour ne plus souffrir". Mais alors, nous manquons d'amour encore plus et réellement!
- Soit nous voulons **forcer les autres à nous aimer** en nous soumettant totalement à eux, pour obtenir qu'ils déclarent, enfin, nous aimer, alors qu'ils n'aiment, en fait, que notre soumission lamentable!

La bonne porte, c'est celle recommandée par Jésus tout au long de son enseignement: le PARDON par l'AMOUR. A qui pardonner? A tous ceux qui, par erreur, pensant même nous "booster" pour "notre bien", ou par méchanceté, nous ont enfermés dans le sentiment d'indignité/culpabilité, comme dans un filet qui nous empêche d'être vraiment libres! Ce chemin de véritable Pardon envers eux est long, difficile, douloureux, mais pleinement efficace et libérateur!

COMPLEMENT A LA REPONSE 29 : infraction, faute, péché

NOS CONTROLES: Nos désirs se heurtent à trois réalités qui **contrôlent**, nos pensées, paroles, actions et omissions et qui sont:

- **Les autres**, c'est à dire la société avec toutes ses structures, ses règlements, ses lois, en fonction desquels nous allons régler nos actions. Ces règlements nous sont **extérieurs**, imposés et nous les subissons, souvent d'ailleurs en les critiquant. Le type en est le code de la route. Je m'y soumets par obligation. D'ailleurs, en l'absence de surveillance, je me dispense parfois d'y obéir. Si je suis soumis à ces règlements qui viennent des autres, je suis un " bon "citoyen. Si je suis rebelle, je suis en" **infraction** " et donc " hors la loi ".
- **Ma conscience :** C'est le deuxième contrôle. Il ne concerne plus une "loi" qui m'est restée extérieure, mais une loi que j'ai faite mienne en l'intériorisant. J'ai accepté le système de valeurs morales de mes parents, de mes éducateurs, de mon milieu etc…

C'est ainsi, par exemple, que le roi David avait intégré comme système de contrôle la Loi de Moïse. Par rapport à notre conscience, nous pouvons être soumis ou rebelles. La soumission nous donne "bonne conscience".

Si nous sommes rebelles, nous sommes en faute. Ainsi, par exemple, commettre une impolitesse va contre ma conscience: si je me montre impoli, je suis en faute!

- **L'Alliance nouvelle et éternelle avec Dieu :** C'est le contrôle au niveau spirituel. En entrant dans cette alliance, par le combat spirituel, je lutte contre la tentation de ne pas suivre l'amour, de m'en détourner, de m'y opposer.

Mais, si je suis rebelle à l'amour, en rupture d'alliance, je chute **dans le péché, le véritable**. Ainsi, par exemple, tant que David a mis toute sa confiance en Dieu, il est resté dans l'Alliance d'Amour, malgré des péchés caractérisés. Il a délaissé cette Alliance lorsqu'il a mis sa confiance **en ses propres forces et non plus, en Dieu,** (en imposant le recensement d'Israël). Il est devenu infidèle (2 Sam 24, 10). Par son repentir et grâce à la Miséricorde de Dieu, il a retrouvé la fidélité à cette Alliance, scellée, pour tous dans la Loi d'Amour que résume le Premier commandement : « Tu aimeras le Seigneur ton Dieu… » et le second qui lui est semblable : « tu aimeras ton prochain comme toi-même ! » (Mc 12, 29-31)

MOTEUR DE NOS ATTITUDES

Aux trois niveaux de contrôle que nous venons de voir, qu'est-ce qui nous fait agir ?

- **Au niveau de la Loi extérieure (des règlements), c'est la peur**! Cette peur, c'est essentiellement celle de la sanction et des souffrances qui en résulteraient.
- **Au niveau de la Loi intériorisée (conscience), c'est le désir d'être conforme au regard des autres et au regard de ma conscience**. Je dois être pur au regard des autres et à mon propre regard. J'aurais **honte** que l'on puisse me reprocher quelque chose, ou que j'aie quelque chose à me reprocher en conscience. Là-dedans joue à plein mon "sentiment d'indignité/culpabilité", qui induit en moi cette honte! Et c'est surtout pour y échapper que je vais "me tenir tranquille".
- **Au niveau de l'Alliance d'amour, c'est l'amour qui est le moteur de mes attitudes, avec le désir d'être aimé et d'aimer!**

Au premier de ces niveaux, ce sont les autres qui me "coincent".
Au second, c'est surtout moi-même...mais aussi les autres dans la mesure où je guette leur jugement à mon égard, en raison de mon "sentiment d'indignité/ culpabilité" et où j'admet ce jugement !

Au troisième niveau, je ne suis pas "coincé", mais aimé, et cela devrait tout changer! Je sais que je suis aimé malgré mon péché, dont j'ai absolument conscience! C'est la "**conscience de culpabilité"**, née de la Vérité qui n'a rien à voir avec le "sentiment de culpabilité", qui, lui, naît du mensonge de l'Ennemi. J'entre alors dans la douloureuse joie du "repentir": je demande le pardon à Dieu qui désire me l'accorder. Pardonné, je suis rétabli comme fils bien-aimé, transformé dans mon agir, libéré!

SITUATION ET RESULTAT AUX DIFFERENTS NIVEAUX

AU NIVEAU DE L'INFRACTION

Deux situations possibles:

- Soit j'ai échappé au contrôle : " pas vu...pas pris ".Je suis donc quitte avec la loi. Aucune raison pour que je change : je recommencerai une infraction à la première occasion... en prenant seulement quelques précautions!
- Soit je suis pris (hélas!). Je suis alors condamné, c'est-à-dire reconnu responsable et coupable. Je dois payer. A la suite de quoi, je suis quitte, mais pas vraiment converti : à la prochaine occasion, je regarderai mieux pour m'assurer que je ne suis pas vu. J'éviterai....de me faire prendre.

AU NIVEAU DE LA FAUTE

Ma "bonne conscience" vient d'être prise en défaut. **Moi qui proclame volontiers :"j'ai pas tué, j'ai pas volé..!"**, j'étais sans tache apparente et je ne voyais pas que "même si ma **conscience** ne me reproche rien, je n'en suis pas justifié pour autant! "(1Cor 4, 4). Ayant commis une faute, j'ai deux solutions possibles **:**

- **Soit je m'excuse** simplement et dés lors je suis "excusé", déresponsabilisé **mais non converti!**

- **Soit je reconnais mes limites**, mais je culpabilise par rapport à l'idéal de ma conscience. Que faire alors?
- **Soit je "baisse la barre"**: Par exemple, je vais "m'autoriser" à faire des magouilles que jusqu'ici je condamnais. Autrement dit, je change mon "code moral" pour l'adapter aux exigences de ma situation. Je relativise ce que me dictait ma conscience. Cette relativisation est rendue plus facile de nos jours par le fait que l'information circule entre des groupes humains qui n'ont pas tous les mêmes règles morales. Il peut donc être tentant de choisir dans celles-ci ce qui est le plus petit dénominateur commun.....autrement dit, ce qui est le plus laxiste.
- **Soit je fais un effort de conversion envers mon code moral** (autrement dit, ma conscience). Fort de mon expérience, je vais essayer de m'améliorer. Mais je reste empêtré dans mon "sentiment d'indignité/culpabilité". Dés lors, je peux réussir à éviter les "fautes". Mais cette réussite ne sera, la plupart du temps, que très temporaire et je retomberai sans cesse dans les même "fautes", en me désespérant d'y tomber. Ou alors, les efforts démesurés que je vais faire pour être conforme au regard des autres et à celui de ma propre conscience vont m'épuiser. D'où naufrage dans la déprime, ou bien encore, pour échapper à cette situation de souffrance extrême, évasion dans le sentimentalo -mystique. Tout cela parce que **je ne me suis situé qu'au niveau de cette "vie" que je me suis construite moi-même, par mes propres forces, en dehors de l'amour**, dans la seule conformité à mon "point d'orgueil" et **en camouflant ma faiblesse**!

AU NIVEAU DU PECHE

C'est par la grâce de Dieu qu'il m'est donné de prendre conscience de ce qu'est mon péché et des dégâts qu'il a faits vis à vis de l'Amour: c'est cela la **conscience de culpabilité**. Elle doit remplacer en moi **le sentiment de culpabilité/indignité**.

C'est le cri de David, réalisant qu'il a péché en retirant sa confiance à Dieu pour la placer en ses propres forces (2 Sam 24, 10) et rompre ainsi l'Alliance d'amour.
Dès lors, me reconnaissant responsable, mais pardonné grâce à la Miséricorde de Celui qui m'a sauvé par amour, j'entre dans **la "douloureuse joie" du repentir**.
C'est la joie du fils prodigue qui a enfin compris de quel amour son père l'aimait...et lui pardonnait.
Je m'ouvre alors à la véritable conversion : je ne me "sens" plus jugé et condamné, mais aimé infiniment, dans mon état même de pécheur, dans ma faiblesse et ma vulnérabilité : je suis libéré!

Par contre, dans une deuxième hypothèse, je puis refuser de reconnaître que j'ai porté atteinte à l'amour : je suis alors dans **l'illusion**. Cette attitude ferme la porte à la miséricorde.
Pas de miséricorde possible pour moi, malgré tout le désir de Dieu et aucune miséricorde, de ma part, envers les autres. En effet, dans ce cas, il n'y a pas de conversion!

COMPLEXITE DES PROBLEMES CONCRETS

Dans le concret de notre vie, les choses se présentent de façon souvent moins tranchée. Les différents niveaux de contrôle peuvent être imbriqués.
Ainsi, alors que je suis, apparemment, au niveau de la loi extérieure, je puis être aussi au niveau de l'alliance d'amour. Ce serait le cas de quelqu'un qui fait une entorse au code de la route dont les conséquences pourraient être lourdes au niveau de la charité, du respect et de l'amour du prochain.
Il est évident que, si je fais un dépassement que je sais dangereux, je ne suis pas seulement en infraction, mais aussi et surtout, en état de péché. Je puis aussi être en règle avec la loi (Par exemple la loi qui permet l'avortement si on est simplement « gêné » par une grossesse) mais accusé par ma conscience.

Ou bien encore, dans les mêmes circonstances, je puis être en accord avec ma conscience (car j'aurais " baissé la barre "), mais en rupture avec l'alliance d'amour, donc en état de péché. Autrement dit, rassuré parce que "tout le monde fait comme ça!", je sais, cependant, au fond de moi, que ce que je fais est contraire à l'amour: c'est donc alors un péché!

A l'opposé, parfois, ceux qui nous entourent veulent nous culpabiliser par rapport à des actes qui, n'étant pas contre l'amour, ne sont nullement des péchés..... !

En fin de compte, c'est bien l'appréciation de tous les actes de notre vie par rapport à l'Amour qui détermine notre véritable relation à Dieu, comme nous l'explique Mt 25, 31-46 !

COMPLEMENT A LA REPONSE 36 SUR LA SEXUALITE : PURETE / CHASTETE / SUBLIMATION

PURETE: La pureté consiste à ne faire aucun obstacle à la volonté de Dieu sur nous à travers notre sexualité et, en fait à travers toute notre vie.

De même que l'eau pure ne fait aucun obstacle à la lumière, de même l'absence d'obstacle créé par nous à la volonté de Dieu sur notre sexualité nous rend purs. Notre sexualité devient alors pleinement au service du Plan de Bonheur de Dieu sur nous!

CHASTETE: C'est la traduction de la pureté dans notre vie concrète. Elle exprime donc le respect de la volonté de Dieu sur notre vie. Or, les exigences de Dieu concernant notre sexualité varient selon notre état de vie, par exemple selon que l'on est marié ou célibataire, consacré ou non. En conséquence, la chasteté s'exprimera, selon le cas, par un comportement différent. Il en est ainsi, par exemple, chez une femme mariée par rapport à une religieuse. Ce qui est licite et même recommandé chez l'une ne l'est pas chez l'autre.

En conclusion, on peut dire que nous sommes **tous appelés à la chasteté, mais que l'expression concrète de celle-ci varie selon les états de vie!**

SUBLIMATION: **La sublimation:** c'est le choix de renoncer, provisoirement ou en permanence à des satisfactions légitimes que pourrait procurer la sexualité et même la génitalité. Ceci afin de gagner des satisfactions jugées meilleures par rapport au projet de Bonheur par l'Amour que Dieu m'offre **dans le contexte qui est le mien** (et qui n'est pas celui de mon voisin!**).**

La sublimation n'est pas réservée à certains. Elle est nécessaire **pour tous,** puisque la sexualité concerne tous les humains et que chacun est responsable de sa propre personne dont les différents éléments lui ont été confiés dans le cadre du Plan de Dieu.

La sublimation est particulièrement nécessaire dans la pratique de la paternité responsable, en vue d'une saine **régulation des naissances!**

Cette nécessité légitime de la régulation des naissances est, bien entendu au centre même de notre sexualité et génitalité. Pour lui apporter une solution accordée au Plan de Dieu, il nous faut souscrire à ce Plan, donc aux deux objectifs qui en découlent pour notre sexualité. Il faut donc que cela entraîne **un accroissement d'amour dans le couple et que ce dernier devienne pleinement co-créateur par une procréation responsable. C'est donc d'abord un état d'esprit qui doit caractériser une saine régulation des naissances, celui de "gérant"** et non de **"propriétaire"** de la sexualité qui nous est donnée par Dieu. C'est à partir de là que s'apprécie l'usage des différentes méthodes qui peuvent être proposées et qui, selon le cas, favoriseront ou non notre progression en Amour.

SCHEMAS

SCHEMA N°1STRUCTURE DE LA PERSONNE HUMAINE

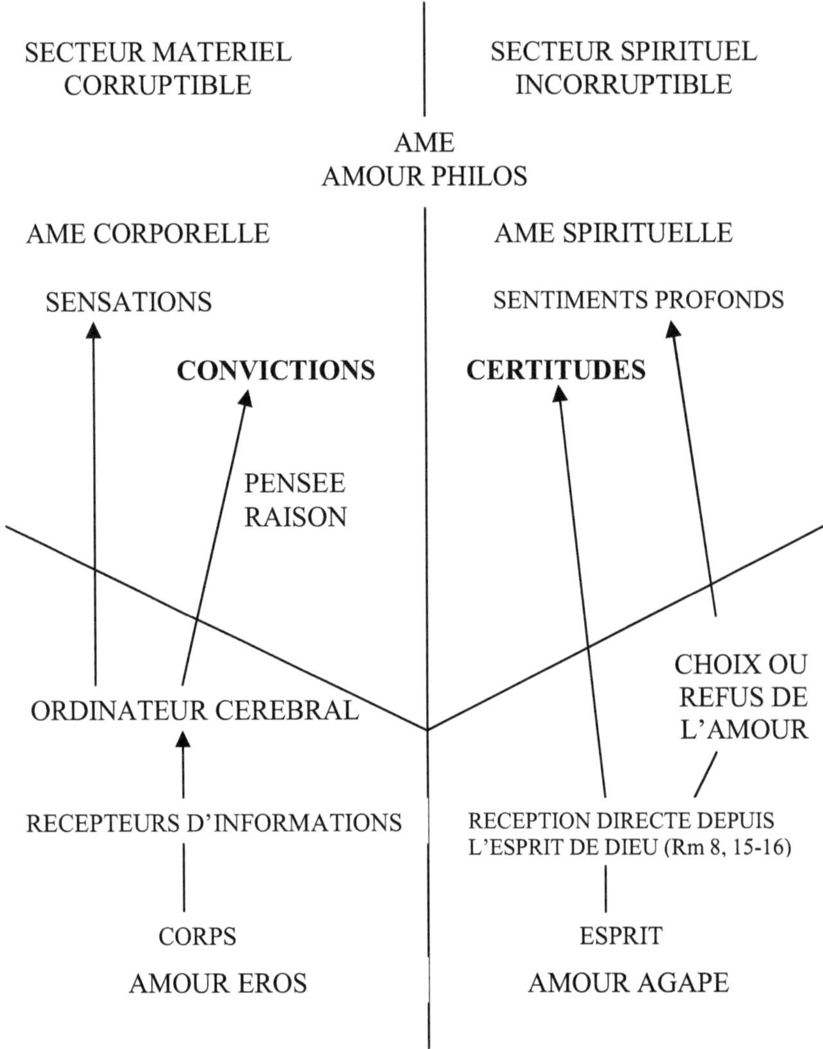

SCHEMA N°2

CONSCIENT – SUBCONSCIENT - INCONSCIENT

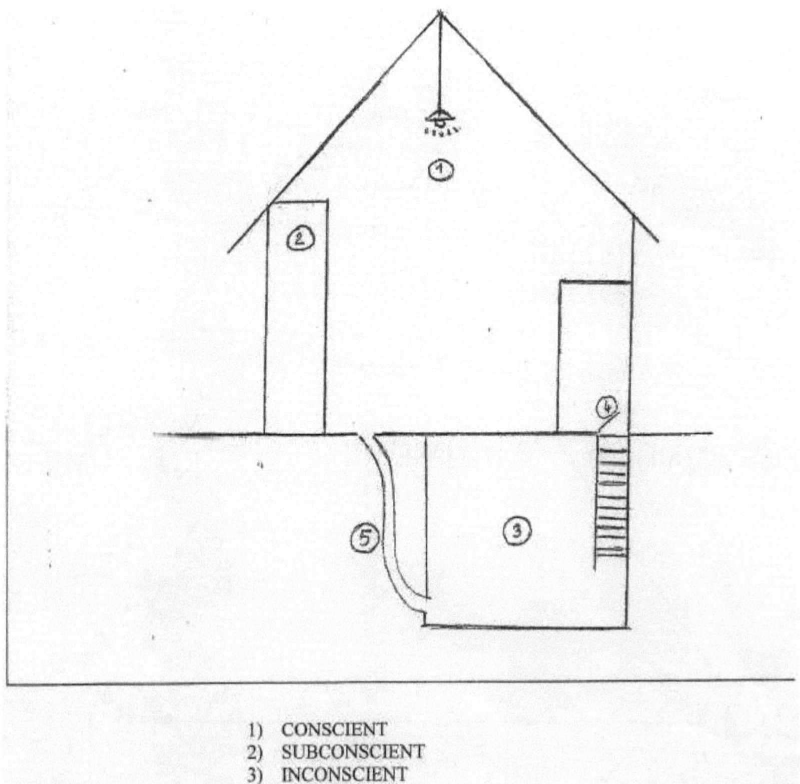

1) CONSCIENT
2) SUBCONSCIENT
3) INCONSCIENT
4) SURMOI
5) VOIE DEVIEE POUR LES PULSIONS INACCEPTEES

SCHEMA N°3

PROJET DE DIEU POUR L'HUMANITE

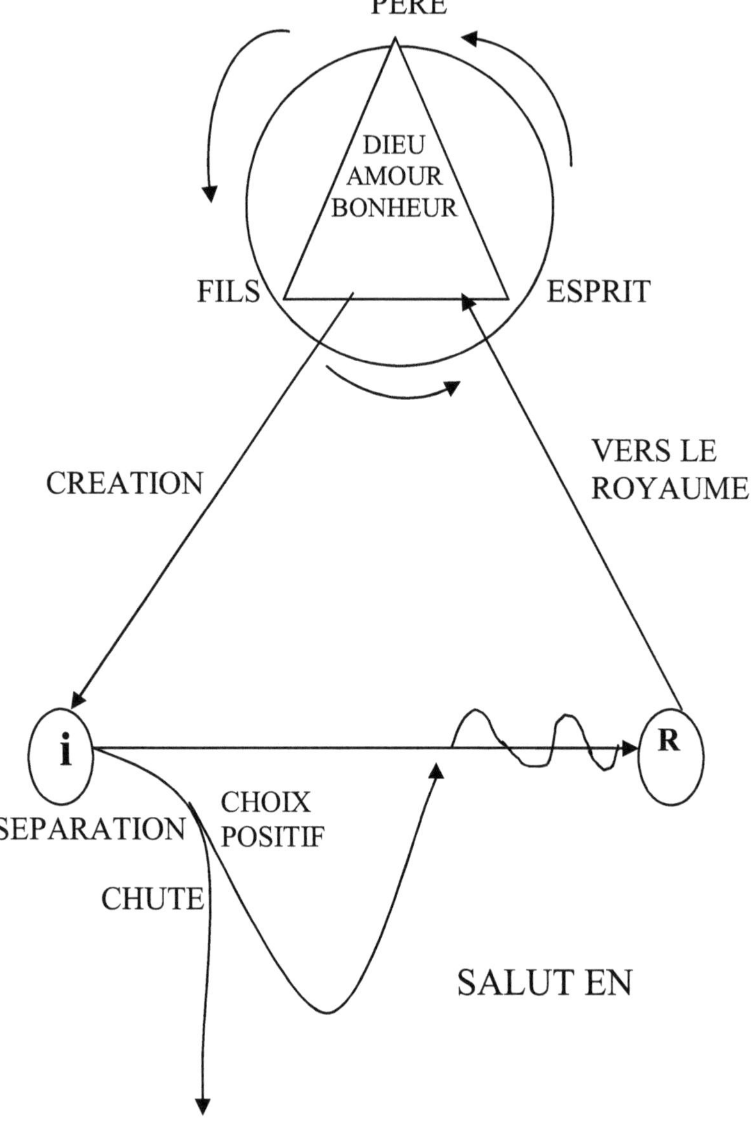

SCHEMA 4

Projet de Dieu sur l'homme

Le bonheur par l'amour

Schéma du **vase d'argile** que nous sommes et dont la destinée, dans le plan de Dieu, est de **se remplir d'amour au point de déborder…**

Seul le branchement sur la source de tout amour, qui n'est autre que Dieu, est capable de nous remplir d'amour véritable. On a donc placé une canalisation allant de Dieu à notre vase. Avant celui-ci, on a placé une vanne, que dans notre liberté, nous pouvons ouvrir, si nous voulons nous brancher sur Dieu… ou fermer si nous voulons être notre propre source d'amour et de bonheur, en dehors de Dieu.

Entre la vanne et le vase, plusieurs petits tuyaux permettent l'arrivée :

- D'amour venant du prochain, ayant sa valeurs mais aussi ses limites et même parfois, hélas, chargé de refus d'amour, c'est-à-dire de « péché », ne pouvant donc pas remplir et faire déborder notre vase comme le voudrait notre désir infini d'être aimé !

- De « produit de remplacement » de l'amour que sont les convoitises.
- De fausses solutions au « manque d'être aimé » que sont les attitudes de fermetures du cœur ou de dépendance alienante.

Sur ces petits tuyaux figurent des vannes.

SCHEMA 4

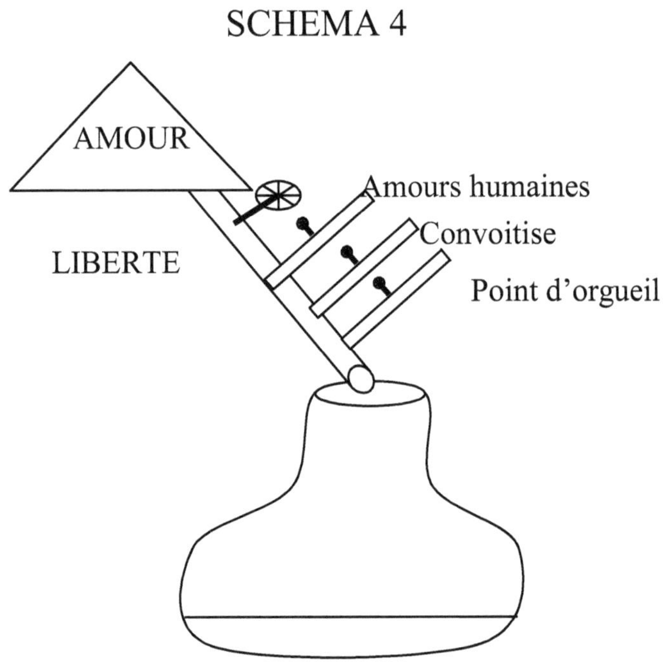

SCHEMA 5

Nature de la religion Relation de la personne au Divin	**RELIGIOSITE** Disposition pour les sentiments religieux, surtout en dehors de toute religion particulière	**CROYANCES** Action de croire à la vérité ou à la possibilité d'une chose.	**FOI** Croyance + confiance. Dans le cadre de l'amour Adhésion au Divin
Structure impliquée, dans la personne	**CORPS PSYCHISME** Grosse participation psycho affective	**PSYCHISME** Travail intellectuel d'analyse et synthese. Elaboration de systèmes en relation avec les croyances et systèmes de pensée.	**ESPRIT** Touché d'abord par la certitude d'exister, puis par la certitude de l'amour de Dieu (Grâce et révélation). Psychisme éclairé par l'esprit.
Ce qui habite la personne au niveau du JUGEMENT.	**CONVICTIONS** D'origine surtout affective, psycho affective, culturelle	**CONVICTIONS** D'origine surtout intellectuelle.Critique systématique. Intolérance fréquente.	**CERTITUDES** au niveau de la conscience spirituelle. CONVICTIONS au niveau de la conscience psychique.
PIETE C'est l'expression, dans le vêcu, de la relation au Divin.	**PIETE** affective forte. Dépendane aux forces de l'univers. Tendance à magie	**PIETE TRES RESERVEE** souvent désincarnée, sans racine culturelle, très "raisonnable".	**PIETE IMPLIQUANT LA PERSONNE TOUTE ENTIERE.** Relation amoureuse avec Dieu, exprimée en actes vis-à-vis du prochain. Plus de peur!

SCHEMA 6

POSITION DE VIE

ILLUSION	VERITE	ILLUSION
Ce que je crois être **Sentiment de culpabilité** (se croit non aimable)	Ce que je suis aimé de Dieu Merveille et pêcheur pardonné	Ce que je crois être **Sentiment de culpabilité** (se croit non aimable)
MA SOLUTION : Provoquer l'amour des autres à tous prix	REPENTIR	MA SOLUTION : Obliger les autres à me "rendre justice"
SAUVETEUR	NI SAUVETEUR NI VICTIME	VICTIME
Charitable A force de gentillesse Dictateur En forçant les autres	Accueil du Don de Dieu : AMOUR	Ecrasée Désespérée Révoltée
Œuvres pour Dieu pour avoir des mérites Je fais mes œuvres mon salut (car pas de pêché)	Laisser-faire, puis faire les "œuvres de Dieu"	Remord Déprime Revendique JUGEMENT REJET De soi — De Dieu — D'autrui
Juge, condamne, méprise	Miséricorde accueillie et donnée	Fusion Amour-haine Opposition Haine
Se justifie fait taire les opposants	Branché sur Dieu	DERESPONSABILISE
INCAPABLE D'AIMER (D'accueillir)	Emerveillement	Fatalité — Fautes des autres INCAPABLE D'AIMER (de donner)
Guérison: Entrer dans la conscience de culpabilité. Aimable et aimé de Dieu, gratuitement!	Avec Jésus, je deviens co- sauveur, co- victime	Guérison : Entrer dans la conscience de culpabilité. Je vois mon agressivité et mon bénéfice de victime

MIX

Printed by Books on Demand GmbH, Norderstedt / Germany

Printed by Books on Demand GmbH, Norderstedt / Germany